文晉华
PUHUA BOOKS

我们一起解决问题

餐饮企业管理技巧1+1丛书

餐厅员工服务细节1+1培训手册

孙勇兴　编著

人民邮电出版社

北　京

图书在版编目（ＣＩＰ）数据

餐厅员工服务细节1+1培训手册 / 孙勇兴编著. --
北京：人民邮电出版社，2019.12
（餐饮企业管理技巧1+1丛书）
ISBN 978-7-115-52493-5

Ⅰ．①餐… Ⅱ．①孙… Ⅲ．①饮食业－商业服务－手
册 Ⅳ．①F719.3-62

中国版本图书馆CIP数据核字(2019)第258184号

内 容 提 要

本书通过实景图片和操作规范，从餐厅员工的岗位职责、工作流程、礼仪规范、菜品销售技能等七个方面，对餐厅员工的日常工作进行了细致的讲解与分析，尤其是结合"互联网+""大数据"等时代背景，介绍了扫码点菜、刷脸支付、机器人送餐等内容，让餐饮服务实现智能化、人性化和娱乐化。

为了方便读者学习和使用，本书推出了"1+1"的阅读模式，不仅针对各种服务细节提供了相应的实战案例，而且针对部分内容附上了学习视频，读者扫描正文中的二维码即可看到生动的讲解。

本书适合餐饮企业管理人员、餐厅服务培训人员和餐厅服务人员边学边用，迅速提升自身管理和服务技能，还适合相关培训机构以及大中院校相关专业的师生阅读使用。

◆ 编　著　孙勇兴
　　责任编辑　刘　盈
　　责任印制　彭志环

◆ 人民邮电出版社出版发行　　北京市丰台区成寿寺路11号
　　邮编　100164　电子邮件　315@ptpress.com.cn
　　网址　http://www.ptpress.com.cn
　　北京七彩京通数码快印有限公司印刷

◆ 开本：700×1000　1/16
　　印张：15　　　　　2019年12月第1版
　　字数：300千字　　2024年11月北京第10次印刷

定　价：59.90元

读者服务热线：(010) 81055656　印装质量热线：(010) 81055316
反盗版热线：(010) 81055315
广告经营许可证：京东市监广登字20170147号

　　餐饮行业始终在随着消费者需求的不断变化而发生变革，要继承更要创新。中国人从最初的"吃饱"到如今"吃得健康""吃出特色"，折射出我国餐饮业发生的巨大变化。餐饮企业的经营模式、营销方式也在不断变化、不断升级。

　　餐饮企业要顺应时代变化，调整经营策略，在服务大众方面做好文章，逐渐由高档消费向大众消费过渡，通过转变经营思路和提高服务质量，着力构建大众化餐饮服务体系。

　　随着新技术的发展，越来越多的智能场景出现在我们身边，如智能点餐、刷脸支付、无人餐厅等。显然，餐饮行业已经迎来了多元化的时代，经营者只有不断创新才能保持持久的竞争力。

　　过去的消费者追求物美价廉，如今他们主张趋优消费，对个性化和品牌化的要求更高了。对于"80后""90后"，尤其是"00后"而言，他们更需要好玩、有趣、能参与、娱乐化的就餐体验。餐饮企业要善于利用文化创新，以顾客需求、顾客体验为导向，设计、制作和销售餐饮产品及服务，满足不同顾客群体，甚至精确到同一顾客群体中不同需求特征的、与众不同的需求体验。餐饮企业只有将消费者与品牌紧密地联系在一起，为其提供用餐之外的价值，才可能形成餐饮品牌的爆品效应。

　　面对新的时代，面对新的经营模式和服务方式，面对消费需求的一系列变化，我们不得不进行重新思考。

　　《餐厅员工服务细节1+1培训手册》一书由导读、餐厅员工岗位职责与工作流程、餐厅服务礼仪规范、餐饮服务基础知识、餐厅服务流程细则、餐厅菜品销售技能、餐厅员工优质服务及餐厅服务常用英语八个部分组成。

本书有两个显著的特点。第一，模块化设置，由实用知识、操作流程、实景展示、应用表格、案例解读、小提示等栏目组成，以最直观的形式展示相关知识点，便于读者阅读和学习；第二，实操性较强，本书尽量做到去理论化，以精确、简洁的方式描述所有知识点，满足读者希望快速掌握管理技巧和服务技能的需求。

本书不仅可以作为餐饮管理者和服务人员学习、提升的手册和日常管理工作的"小百科"，而且可以作为相关培训机构开展岗位培训的参考资料。另外，为了便于读者直观地掌握服务技能，本书作者联合相关机构共同拍摄了部分演示视频，读者扫描文中二维码即可观看。

本书由浙江智盛文化传媒有限公司、深圳市中经智库文化传播有限公司策划，由国际金钥匙中国区总经理级金钥匙、国家级注册绿色饭店评审员、国家级注册特色饭店评审员孙勇兴老师主持编写。

由于编者水平有限，加之时间仓促，书中难免会出现疏漏，敬请读者批评指正。

目录 Contents

第一章　餐厅员工岗位职责与工作流程 / 7

　　　　　餐厅员工主要包括楼面经理、楼面主管、领班、迎
　　　宾员、传菜员、酒水员、收银员和保洁员等。不同岗位
　　　的工作人员有着不同的职责，每位员工都要牢记自己的
　　　岗位职责及工作流程，为顾客提供最好的服务。

Chapter
1

第二章　餐厅服务礼仪规范 / 31

　　规范的服务礼仪，不仅可以帮助餐厅树立良好的形象，还能使员工获得客人的理解、好感与信任。因为员工学习和运用服务礼仪不仅是树立自身形象的需要，更是提高企业社会效益、提升自身竞争力的需要。

Chapter
2

Chapter
3

第三章　餐饮服务基础知识 / 55

餐厅服务人员必须牢记餐饮服务的特征，了解不同类型客人的特点，熟悉中西菜系的基础知识，掌握常用的酒水知识。

第一节　餐饮服务的基本特征 / 56

Chapter 3

第四章　餐厅服务流程细则 / 87

　　　　餐厅服务人员必须按照正确的操作程序为客人提供服务,从而让客人感到满意,并赢得客人的信赖。

Chapter
4

Chapter
4

第五章　餐厅菜品销售技能 / 137

Chapter
5

　　菜品推销是餐饮服务工作中的重要环节，因此服务人员应具备一定的菜品推销技能。服务人员应当根据不同客人的特点，介绍不同的菜点，并实事求是、有针对性地推介菜品，满足客人的不同需求。

Chapter
5

第六章　餐厅员工优质服务 ／ 163

对于优质服务，每家餐厅都有自己的理解，如微笑服务、周到服务、超值服务等。优质服务的最基本要求就是最大限度地满足客人需求。

Chapter
6

Chapter 6

第七章　餐厅服务常用英语 / 207

　　餐厅服务人员要掌握餐厅服务常用英语，以便更好地为来自不同国家和地区的客人服务。

Chapter 7

Chapter 7

导读

顺应时代潮流，提升餐饮服务水平

在"互联网+"、大数据、云计算、新零售的时代背景下，一场变革和创新正在兴起。餐饮企业要顺应时代潮流，提升服务水平，不断满足广大消费者日益增长的美好生活需要。

一、餐饮服务智能化

随着新技术的发展，越来越多的智能场景出现在我们的生活中，如智能点餐、刷脸支付、无人餐厅等。显然，餐饮行业已经迎来了多元化的时代，经营者只有不断创新才能始终保持竞争力。

（一）智慧餐厅的兴起

智慧餐厅是基于物联网和云计算技术形成的餐饮店智能管理系统，通过客人自主点餐系统、服务呼叫系统、后厨互动系统、前台收银系统、预定排号系统以及信息管理系统等可显著节约用工数量，降低经营成本，提升管理绩效。

>>> 1

目前，很多餐饮企业提出了"服务智能化"的概念，用先进的互联网技术及智能化设备取代人工服务环节。在这些餐饮店里，消费者只需用手机扫描店铺二维码或下载企业的App，就可以在手机上自主点菜和结账，甚至可以通过手机"叫"服务员来加水、送纸巾等。

顾客在扫码点餐

（二）智慧餐饮助力餐饮线下场景升级

在智慧餐饮领域，以微信支付为例，它正通过AI、大数据、人脸识别、无感支付这四大核心技术的应用和创新，帮助传统餐饮企业完成线下场景数字化升级。

在用餐高峰期，收银员、厨师、服务员都在紧张地与时间赛跑，希望通过提高客人的流动率和餐桌的翻台率，提升餐厅的营业额。

机器人、语音识别等AI技术的应用，可替代人工服务环节，实现自助化服务；人脸识别和无感支付可将用户与微信ID进行绑定，简化身份识别、支付等环节；大数据则帮助企业提升了定制化、精细化的运营能力。

小提示

智能化是潮流，也是趋势。智能化是一把双刃剑，一方面可以给客人带去便利，给餐厅带来效益；另一方面也会使客人的就餐体验受到一定的影响，给客人带去不必要的麻烦。如何将餐厅管理和智能化相结合，成了经营者需要思考的重要问题。

二、餐饮服务人性化

被誉为"现代饭店管理之父"的斯塔特勒曾说过："饭店出售的商品只有一个，那就是服务。"随着消费需求的升级，顾客更加享受个性化的服务体验。这就要求餐厅服务员具备图1所示的职业素养。

1	具备超前服务意识
2	熟练掌握各岗位操作流程和规范化程序
3	了解并掌握相关业务知识
4	在最短的时间内减少客人的陌生感
5	个性化服务要有持续性

图1　服务员应具备的职业素养

（一）具备超前服务意识

"想客人之所想，急客人之所急"是餐厅服务人员为客人提供优质服务的出发点，在这个基础上，服务人员应具备一些超前意识。

当客人在无意中透露自己感冒、嗓子不好时，餐厅服务人员应该为客人准备好治感冒和嗓子疼的药品。

（二）熟练掌握各岗位操作流程和规范化程序

规范化的服务程序是提供个性化服务的基础，个性化服务是规范化服务的补充。两者不能混为一谈，也不可分割。

（三）了解并掌握相关业务知识

餐饮服务始终以不同客人在不同时期的不同需要为中心。这就要求服务人员快速更新相关业务知识，掌握不同客人的需求、特点和个性等，这样服务人员才能做到有的放矢。当然，餐饮企业应及时做好相关的业务培训工作。

（四）在最短的时间内减少客人的陌生感

客人第一次来到餐厅就餐时都会产生一种陌生感，服务人员要尽快了解客人的相关爱好和习惯，这样在为客人服务时，就能拉近与客人的距离，让客人产生一种"宾至如归"的感觉。

（五）个性化服务要有持续性

不论客人来餐厅消费多少次，服务人员为他提供的个性化服务都应该是持续性的。小到一句祝福语，大到一个礼物、别致的环境布置都应该以客人就餐时最满意的服务为基准，这样可以减少客人对餐厅的陌生感，吸引更多的回头客。服务人员要有敏锐的洞察力，还要记录客人的特殊需求，制定详细的客户档案。这是实施个性化服务的重要环节。

只有这样，餐厅服务人员才能将"头回客"变成"回头客"，提升餐厅的知名度和美誉度。

案例

海底捞的服务人员总能提供超出顾客期望的服务，比如，在排队等候区会为顾客提供免费水果、小吃、杂志等；点餐时，为顾客送上围裙和热毛巾，为长发女士送发夹，为戴眼镜的顾客送眼镜布；就餐时，有专门的服务员随时待命，主动为顾客添水加料；甚至在卫生间门口都会配备专门的服务员，为顾客开门，当顾客进门时，提醒顾客小心……

三、餐饮服务娱乐化

过去，消费者追求物美价廉；如今，他们主张趋优消费，提升了对个性化和品牌化的要求。"80后""90后"，甚至"00后"需要好玩、有趣、能参与的产品。

未来，新招商、新众筹等"小而灵"的餐饮经营模式必将受到消费者的喜欢。从某种意义上讲，餐厅不仅要满足消费者吃饭的需求，更要满足顾客社交、娱乐等多方位的需求。

餐厅经营者只有不断创新模式、推陈出新，才能刺激消费者的消费欲望。对于同样年轻的餐厅经营者而言，餐饮娱乐化代表了就餐的每个环节中都有玩起来的可能。对于"80后""90后""00后"主力消费人群来说，"好玩、有趣"更重要，所以诸如掷骰子、萌主令、微信游戏等互动项目也被搬到餐饮企业经营活动中来。餐厅经营者利用互联网思维，将顾客与餐厅品牌紧密联系在一起，为顾客提供了用餐之外的价值，这样才可能形成餐厅品牌的爆品效益。

例如，位于北京国贸的"ARCADE 游乐场餐厅"在200多平方米的经营空间里，把将近四分之一的面积留给了娱乐空间，设置了夹娃娃机、古早味游戏机、两张乒乓球桌、桌游柜，甚至还有一个带大屏幕的游戏室。

餐厅员工岗位职责与工作流程

导语：

　　餐厅员工主要包括楼面经理、楼面主管、领班、迎宾员、传菜员、酒水员、收银员和保洁员等。不同岗位的工作人员有着不同的职责，每位员工都要牢记自己的岗位职责及工作流程，为顾客提供最好的服务。

第一节 管理层员工岗位职责与工作流程

一、楼面经理岗位职责与工作流程

（一）岗位职责

楼面经理的岗位职责如表1-1所示。

表1-1　楼面经理岗位职责

岗位名称	楼面经理
具体职责	（1）检查部门员工的出勤状况以及楼面环境、餐具和用具清洁情况、楼面设备运转状况 （2）检查员工的服务水平是否达到相关标准，加强对新员工的"传、帮、带" （3）在营业中，负责现场巡台与控场，及时发现和解决服务过程中出现的问题 （4）妥善处理客人异议及投诉，负责重要客人、宴席的接待与安排工作 （5）审核岗前培训计划及内容，定期做好服务人员在岗理论和实操技能的培训工作，组织员工学习服务技巧 （6）针对新菜品、推荐菜品、特价菜品进行重点培训，检查推销工作 （7）熟知员工档案并进行分类整理，及时与员工沟通 （8）掌握和控制物品（餐具、易耗品）的使用情况，减少费用开支与物品损耗

（二）工作流程

餐厅楼面经理的每日工作流程可分为营业前、营业中和营业后三个阶段，如图1-1所示。

① 营业前 → ② 营业中 → ③ 营业后

① 营业前

○检查餐厅空调温度、光照度是否适中，各项设备是否运转正常，餐厅内所有装饰品是否摆正
○检查客用卫生间是否干净整齐，有无异味
○与厨房确认订席情况，了解存货情况
○检查菜单是否完整干净，服务台物品是否备齐
○检查餐厅服务员的出勤情况，服务员的仪容仪表是否符合要求，公布客人预订情况，分配各领班的责任区域
○公布当日特价菜、饮料以及正在举行或即将举行的促销活动

营业前，楼面经理检查服务台物品是否备齐

营业前，楼面经理检查餐厅墙面装饰物是否摆正

② 营业中

○随时注意餐厅内的动态，随时掌握座位情况
○处理客人抱怨，妥善处理客人的投诉
○与厨房保持密切联系，保证菜肴质量及出菜速度
○当客人或服务员发生意外时，立即采取处理措施

③ 营业后

○检查餐厅内的电器是否已关闭或放在安全妥当的位置
○检查所有电灯是否关闭，橱柜、房门是否锁好
○填写营业日志（包括营业额、客人抱怨等特殊情况）
○查看第二天的预订情况，了解是否有需要特别注意的事项

图1-1　楼面经理每日工作流程

营业后，楼面经理检查橱柜是否锁好

营业后，楼面经理检查电器是否放在安全妥当的位置

二、楼面主管岗位职责与工作流程

（一）岗位职责

楼面主管的岗位职责如表1-2所示。

表1-2　楼面主管岗位职责

岗位名称	楼面主管
岗位职责	（1）编制每日早、中、晚班人员的名单，做好各领班考勤记录 （2）每日营业前检查服务员的仪容、仪表 （3）了解用餐人数及其要求，合理安排服务员的工作 （4）随时注意餐厅就餐人员的动态和服务情况，并进行现场指挥 （5）加强与客人沟通，了解客人对饭菜的意见，妥善处理客人的投诉，并及时向楼面经理反映 （6）定期检查设备设施，清点餐具，遇到问题及时向楼面经理汇报 （7）注意服务员的表现，随时纠正其失误、偏差，并做好工作记录 （8）组织领班、服务员参加各种培训、竞赛活动

（二）工作流程

餐厅楼面主管的每日工作流程可分为营业前、营业中和营业后三个阶段，如图1-2所示。

① 营业前　② 营业中　③ 营业后

图1-2　楼面主管每日工作流程

① 营业前	○检查员工仪容仪表是否符合要求 ○检查招牌灯及灯箱、电梯、空调是否按规定开启 ○检查店铺门口POP招贴画的摆放、张贴是否符合规定 ○检查书刊、报纸的更新频率及摆放位置是否合适，餐厅桌椅是否摆放整齐 ○检查餐台号牌摆放是否正确、齐全，备餐柜里的餐具是否擦拭干净 ○检查台面的相关物品是否摆放整齐，刀叉等是否按标准摆放 ○检查地面、沙发、椅套是否干净 ○检查餐厅内的绿色植物是否保养妥当 ○检查员工是否了解当日急推和沽清菜品

营业前，楼面主管检查台面的相关物品是否摆放整齐，刀叉等是否按标准摆放

营业前，楼面主管检查备餐柜里的餐具是否擦拭干净

② 营业中	○热情接待客人，提醒客人看管好自己的财物 ○迅速将客人所点菜品的单据传递到相关部门，根据菜单预先为客人准备餐具和器皿 ○当客人有需求时，要迅速到达桌旁，为客人提供服务 ○检查服务员所开菜单是否有错漏 ○及时处理客人投诉 ○随时跟单，负责相关事务，如催菜、加菜、结账等 ○客人走后，及时清台、翻台

③ 营业后	○检查餐厅地面是否打扫干净 ○检查垃圾桶（筒）是否清理完毕 ○检查餐桌台面是否收拾干净，电源是否正确关闭 ○检查书柜、报纸架是否整理好

图1-2　楼面主管每日工作流程（续）

营业后，楼面主管检查餐厅地面是否打扫干净

营业后，楼面主管检查电源是否正确关闭

三、传菜领班岗位职责与工作流程

（一）岗位职责

传菜领班的岗位职责如表1-3所示。

表1-3　传菜领班岗位职责

岗位名称	传菜领班
岗位职责	（1）上岗前自检仪容仪表，准时参加班前会，检查所属传菜员的仪容仪表和出勤状况，分配当日工作事项 （2）查看工作日志，确认是否有未完成的工作或上级的通知，并逐项落实 （3）接到菜单后要及时归口分单，配上相应木夹，一旦发现菜单上有特殊要求，要及时与厨房沟通，并向传菜员交代清楚 （4）调节出菜速度，及时通知点菜人员沽清菜品，如果顾客临时取消菜品应及时通知厨房停止制作，对单上菜，与楼面服务员做好沟通 （5）检查菜肴是否符合质量要求，如有问题应及时询问厨师长，并立即做出处理 （6）保持与楼面服务员的联系，了解出菜速度是否符合客人要求 （7）负责管理和合理使用各种物品，并对其进行清洗 （8）准时参加早会，反馈菜肴出品情况

（二）工作流程

传菜领班的每日工作流程可分为营业前、营业中和营业后三个阶段，如图1-3所示。

① 营业前	② 营业中	③ 营业后

① 营业前

○对所辖区域的卫生情况进行巡视检查，查看垃圾桶是否整洁
○检查餐厅设备设施是否运转正常，有无损坏现象
○与其他领班沟通协调，检查各种调料品和公用刀、叉、勺及菜盖、托盘等用具是否齐全
○与后厨等有关部门沟通协调准备工作
○检查标牌及各种备品是否齐全、整洁
○检查员工站位情况，确认是否符合标准

传菜领班检查各种调料品和公用刀、叉、勺及菜盖、托盘等用具是否齐全

② 营业中

○检查员工站位情况，协助楼面主管引领重要客人就座
○负责厨房划菜工作，控制上菜速度及菜品质量，与楼面主管和厨房保持密切联系
○掌握客人就餐及其座位情况
○当客人或传菜员发生意外时，马上采取应对措施
○检查、督导传菜员传递菜品和交接菜品等情况
○随时注意餐厅内动态，如客人有不满或投诉，要及时协助楼面主管妥善处理

③ 营业后

○检查收市工作是否按标准执行，是否将器皿与菜品分别撤下
○督促传菜员收回各种用具，进行清洁等收尾工作
○检查工作中是否存在不安全隐患，餐厅内电器设备是否已关闭或已摆放在适当位置
○查看第二天的订餐情况，了解是否有特别需要注意的事项
○离开餐厅之前再次巡视检查

图1-3 传菜领班每日工作流程

四、点菜领班岗位职责与工作流程

（一）岗位职责

点菜领班的岗位职责如表1-4所示。

表1-4　点菜领班岗位职责

岗位名称	点菜领班
岗位职责	（1）检查开餐前的准备工作，确保备料、备具充分 （2）检查员工个人卫生情况，确保点菜组员工的卫生达到质量标准 （3）检查零点菜单、宴会菜单，坚决将质量不符合要求的菜肴退回重做 （4）负责调配本组员工，配合其他组的工作，保证配菜、出菜工作准、快且有序运转 （5）检查每一道菜的出品质量，保证色、香、味、形、器、质均符合要求 （6）检查每天岗中卫生情况，做好收尾工作，并将重大事情上报厨师长 （7）根据一天的工作情况，开出"领料单"，交厨师长审核 （8）完成上级安排的其他工作

（二）工作流程

点菜领班的每日工作流程可分为营业前、营业中和营业后三个阶段，如图1-4所示。

图1-4　点菜领班每日工作流程

① 营业前
② 营业中
③ 营业后

① 营业前
○安排当日点菜组员工的日常工作，协调好与其他组的工作
○检查开餐前准备工作，确保备料、备具充足
○检查本组员工的个人卫生情况

② 营业中
○检查原料切配、菜肴出品质量，坚决将质量不符合要求的菜肴退回重做
○调配本组员工，配合好其他组的工作，保证配菜、出菜工作准、快且有序运转
○检查每一道菜的出品质量，提供令顾客满意的菜品

营业前，点菜领班检查标牌及各种备品是否齐全、整洁

营业前，点菜领班检查各种用具是否准备齐全，并摆放整齐

| ③ 营业后 | ○做好收尾工作，向厨师长汇报当天重大事项 |
| | ○清点点菜组负责的所有物品 |

图1-4　点菜领班每日工作流程（续）

五、收银领班岗位职责与工作流程

（一）岗位职责

收银领班的岗位职责如表1-5所示。

表1-5　收银领班岗位职责

岗位名称	收银领班
岗位职责	（1）检查收银员是否准时到岗，是否做好每日收款准备工作 （2）建立收银员个人档案，并将其工作表现记录下来，每月进行评估，奖勤罚懒 （3）不定期检查收银员的备用金，并将抽查结果记录下来，月底汇总时作为评估其绩效的参考 （4）合理安排员工上下班时间和班次，以便在缺人的情况下灵活协调 （5）对收银员开展培训工作，针对其在平时工作中出现的问题及其处理方法和餐厅收银工作程序等进行详细讲评，并定期检查和考核 （6）每日检查稽核交班记录并签署意见，督促处理未完事项，有问题及时向领导汇报 （7）不断完善现行的收银、稽核制度

（二）工作流程

收银领班的每日工作流程可分为营业前、营业中和营业后三个阶段，如图1-5所示。

| ① 营业前 | ② 营业中 | ③ 营业后 |

① 营业前
○安排收银员的班次
○检查收银员的出勤情况、仪表仪容和日常工作的准备情况

营业前，收银员准备好开餐时所需的收银纸、发票、单据

收银前，收银员做好收银台区域的卫生清洁工作

② 营业中
○查看餐厅营收情况，翻看原始单据，检查有无漏单现象
○查看应收报表，收取挂账单，检查签单金额是否与应收报表相符，挂账单上是否有签单单位名称并由有效签单人签字
○与餐厅出纳核对应收款到账情况，及时结清已到账单位款项；列出未到账单位名称，与对方单位取得联系并发出催款通知
○列出三个月未到账单位的名称，说明未到账情况，及时上报楼面经理
○随时更改餐厅菜单牌价

图1-5　收银领班每日工作流程

③ 营业后	○审核折扣账单、宴请账单、挂账账单，审核账单总金额是否 与报表相符，并查明原因 ○维护与保养餐厅收款机、税务发票机、POS机、电脑打印 机等 ○检查员工工作餐签单和宴请签单，对不应计入成本费用的签 单转入应收款，并及时追收

图1-5　收银领班每日工作流程（续）

第二节　基层员工岗位职责与工作流程

一、迎宾员岗位职责与工作流程

（一）岗位职责

迎宾员的岗位职责如表1-6所示。

表1-6　迎宾员岗位职责

岗位名称	迎宾员
岗位职责	（1）热情迎客，主动询问客人人数，在客人离开餐厅时微笑道别 （2）及时将客人带到餐桌旁，征求客人对餐位的意见。当餐厅满座时，耐心向客人解释，并为客人办好候位手续 （3）为客人开关车门，下雨时为客人撑伞，并分发伞套给客人 （4）为客人指路，认真回答客人询问，尽量满足客人合理的要求 （5）尽可能记住常客的姓名、习惯和喜好 （6）配合保安员保证餐厅门前的交通畅通，做好门前安全保卫工作 （7）妥善保管客人遗留物品，拾到贵重物品时应立即上交给楼面主管

（二）工作流程

迎宾员每日的工作流程可分为营业前、营业中和营业后三个阶段，如

图1-6所示。

| ① 营业前 | ② 营业中 | ③ 营业后 |

① 营业前
○准备好预订簿、留座卡、餐区广告牌和告示牌
○参加班前会议
○清洁迎宾区域，包括迎宾台、大门广告牌和指示牌

② 营业中
○客人到达时，迎宾员应面带微笑迎上前，向客人行鞠躬礼，向客人问好和表示欢迎
○询问客人是否有预订，对所有有预订客人均须核对预订资料，注明已抵达客人，并询问客人人数
○如果客人用散餐，则根据客人人数拿取相应数量的餐具
○协助服务员引客人入座，同时询问客人的就餐方式
○餐厅满座时，要向客人说明情况和提出建议
○客人离开时应感谢客人的光临，祝客人愉快并道别

营业前，迎宾员清洁大门广告牌

在客人到达时，迎宾员应向客人问好并表示欢迎

③ 营业后
○检查所在区域的卫生情况
○收回门外宣传告示栏或其他物品

图1-6 迎宾员每日工作流程

在营业结束后，迎宾员要收回店铺门外摆放的广告牌

二、传菜员岗位职责与工作流程

（一）岗位职责

传菜员的岗位职责如表1-7所示。

表1-7 传菜员岗位职责

岗位名称	传菜员
岗位职责	（1）自检仪容仪表，参加班前会，听取备餐工作安排 （2）服从上级领导的安排，做好物料保存、保洁工作，避免无谓损耗，力求降低成本 （3）负责开餐前的传菜准备工作，协助服务员布置场地和餐桌、摆台及补充各种物品 （4）从厨房将菜品准确及时地传送到餐桌 （5）熟练掌握菜品质量标准，严格把好质量关，有权拒绝传送不符合质量标准的菜品 （6）与楼层员工和厨房员工保持良好的关系 （7）值班传菜员负责保持各楼层洗涤间的卫生 （8）负责传菜用具及相关物品、金银器的清洁与整理工作，并按照规定要求摆放 （9）积极参加各种培训，提高服务水平，完成上级交办的其他工作

（二）工作流程

传菜员的每日工作流程可分为营业前、营业中和营业后三个阶段，如图1-7所示。

① 营业前　② 营业中　③ 营业后

① 营业前
- 按时到岗、打卡，整理仪容仪表
- 准时参加班前例会，领取传菜组长分配的任务
- 做好责任区内的卫生和各项餐前准备工作

② 营业中
- 负责宴会、零点菜品的传送工作
- 带回服务员撤下的餐具、用具，对于属传菜部保存的餐具、用具、金银器，在收回后应及时清洗、擦拭、收拣，以免损坏
- 入厨菜单中如果出现沽清菜品，应及时通知楼面领班处理
- 根据领班安排回收餐具，运送至洗碗间清洗
- 宴会结束后完成收台、餐具运送工作

营业中，传菜员负责菜品传送工作

营业中，传菜员如果发现入厨菜单中出现沽清菜品，应及时通知楼面领班处理

③ 营业后
- 将餐具回收、运送到指定地点
- 将餐具、盛器、用具清洗、擦拭完毕后，放到相应位置
- 完成晚市收尾工作，经检查合格后，关闭电源

图1-7　传菜员每日工作流程

三、点菜员岗位职责与工作流程

（一）岗位职责

点菜员的岗位职责如表1-8所示。

表1-8　点菜员岗位职责

岗位名称	点菜员
岗位职责	（1）熟知主要菜系的菜名、价格、口感和主要成分等 （2）点菜前了解客人籍贯、身份、宴请类型、口味及消费水平，根据客人的具体情况，提供个性化点菜服务 （3）客人点菜时，点菜员应建议客人注意菜品搭配，照顾不同年龄客人的口味，判断菜品数量和价位是否适宜 （4）为熟客介绍新菜、不同菜品及口味 （5）介绍时令菜时，可根据菜肴时尚食法、相关典故和烹饪营养知识等推销菜式 （6）适时询问客人菜式是否足够、有无改进意见等 （7）耐心听取客人的问题，客人如有特别要求，应在点菜单上注明

（二）工作流程

点菜员的每日工作流程可分为营业前、营业中和营业后三个阶段，如图1-8所示。

① 营业前　　② 营业中　　③ 营业后

① 营业前
○参加早会，清理餐厅环境卫生
○准备好圆珠笔、点菜器（菜单、菜单夹、计算器）等，并放在指定位置
○检查设备设施，一旦发现故障应及时向点菜领班报修
○到厨师长处了解菜品供应情况，到预订处了解预订情况

图1-8　点菜员每日工作流程

②营业中
○向客人介绍菜品和餐厅特色菜
○与客人交流，了解客人的点菜要求
○有针对性地推销菜品并准确记录，确认客人点选菜品和特殊要求，征询客人意见

营业中，点菜员与客人适当交流，了解客人的点菜要求

营业中，点菜员向客人介绍菜品和餐厅特色菜

③营业后
○将不再使用的服务用品和工具归位存放，整理所辖区域卫生
○对所辖区域餐后清理工作进行自检，填写"工作检查表"，随时接受上级检查
○按照《设施设备使用保养规定》关闭部分设备设施

图1-8　点菜员每日工作流程（续）

四、服务员岗位职责与工作流程

（一）岗位职责

服务员的岗位职责如表1-9所示。

表1-9 服务员岗位职责

岗位名称	服务员
岗位职责	（1）保持个人清洁卫生，注意个人形象 （2）听从餐厅管理人员的工作安排 （3）按实际营业需要，做好餐前准备工作 （4）做好餐具保洁工作和餐厅卫生清理工作，保持餐厅环境及各项用具整洁，使其符合相关卫生标准 （5）了解餐厅食物及饮品，按照规定为顾客服务 （6）满足顾客的合理需求，热情主动地为顾客点菜，准确无误地把顾客所需食物、饮料送到餐桌上 （7）顾客离开后，应尽快清理顾客用过的餐具，并重新摆好台面 （8）遇到客人有意见或投诉时，如不能解决，要立即向餐厅管理人员报告

（二）工作流程

服务员的每日工作流程可分为营业前、营业中和营业后三个阶段，如图1-9所示。

图1-9 服务员每日工作流程

营业中，当客人进入餐厅时，服务员应协助迎宾员安排客人就座，并拉椅让座

在客人入座后，服务员根据客人要求斟倒饮料

③营业后

○检查公共区域的灯光控制情况
○清理垃圾，将垃圾分类倒入指定位置
○清理所辖区域卫生，对垃圾桶与清洁用品进行彻底刷洗

图1-9　服务员每日工作流程（续）

五、酒水员岗位职责与工作流程

（一）岗位职责

酒水员的岗位职责如表1-10所示。

表1-10　酒水员岗位职责

岗位名称	酒水员
岗位职责	（1）做好酒水申购、领取、发放及储存等工作 （2）进出酒水时应填写票据，核准数量，保证手续完备、账物相符 （3）负责定期清点储存物品，确保数量准确，符合储存要求 （4）接受酒水订单，为客人准备鸡尾酒及其他酒水 （5）掌握各种酒品特性及服务知识，开发新的鸡尾酒 （6）熟悉酒水名称、价格、产地和饮用方法等 （7）妥善保管客人存放的酒水 （8）保持吧台周围的环境及仓库干净整洁、用具清洁，注意保温和通风 （9）营业结束后开展清理补充工作，制作销售报表，做好空瓶罐回收事宜，减少浪费

（二）工作流程

酒水员的每日工作流程可分为营业前、营业中和营业后三个阶段，如图1-10所示。

①营业前　②营业中　③营业后

| ①营业前 | ○根据客人预订情况做好各类酒水的申领准备工作
○检查酒水是否在保质期内，酒单是否清洁
○摆好展示台，备好酒篮、冰桶等用具 |

| ②营业中 | ○根据酒水订单向服务员发放酒水、酒具
○为客人提供酒水服务
○协助服务员做好酒水推销工作 |

| ③营业后 | ○清理所辖区域卫生，做好空瓶空罐回收工作
○汇总酒水订单，对当日酒水销售情况进行统计，查看酒水消耗情况与订单是否相符 |

图1-10　酒水员每日工作流程

营业中，酒水员为客人提供酒水服务

营业结束后，酒水员要查看酒水消耗情况与订单是否相符

六、收银员岗位职责与工作流程

（一）岗位职责

收银员的岗位职责如表1-11所示。

表1-11　收银员岗位职责

岗位名称	收银员
岗位职责	（1）熟悉餐牌及酒水价格 （2）认真操作电脑、收银机，做好设备保管工作 （3）准备收银账单、发票，做到快捷服务 （4）每天核对备用金，不得私自挪用 （5）营业结束后，将当天票款账单制成报表，确保核对无误后方可下班 （6）不得向外界泄露餐厅的营业情况和相关资料 （7）负责自己工作区域内的清洁卫生

（二）工作流程

收银员的每日工作流程可分为营业前、营业中和营业后三个阶段，如图1-11所示。

① 营业前　　② 营业中　　③ 营业后

① 营业前
- 做好收银台区域卫生
- 准备好开餐时所需的收银纸、发票、单据
- 准备好当日所需的零钱
- 熟知打折卡的使用方法及管理人员的打折权限

② 营业中
- 收银员应做到录入迅速
- 未经允许不许他人签单挂账、从吧台借钱或挪用备用款
- 能准确识别真假币
- 能正确开具发票，加小单时必须加盖公章

图1-11　收银员每日工作流程

| ③ 营业后 | ○做好每日盘点，做到账目相符；熟悉财务制度，保证无错账，并做好每日报表
○核对营业款、点菜单、代金券后送财务
○查看所有打折卡、宴请菜单是否有审批人签字 |

图1-11　收银员每日工作流程（续）

七、保洁员岗位职责与工作流程

（一）岗位职责

保洁员的岗位职责如表1-12所示。

表1-12　保洁员岗位职责

岗位名称	保洁员
岗位职责	（1）负责餐厅的清洁卫生工作 （2）保持餐桌摆放整齐、桌面干净无油渍、地面干净无杂物、水池干净，及时清理垃圾桶 （3）及时清扫剩饭、食品包装盒，注意不要影响其他客人就餐 （4）做到地面无尘土、无纸屑、无烟头、无塑料袋，更不能有剩饭等杂物 （5）做好墩布、垃圾桶、扫帚的清洁与保管工作 （6）认真完成餐厅内各个死角的油渍污垢的清洗工作，每天用抹布擦洗楼梯扶手 （7）爱护餐厅内各种花卉

（二）工作流程

保洁员的每日工作流程可分为营业前、营业中和营业后三个阶段，如图1-12所示。

图1-12　保洁员每日工作流程

① 营业前

○清扫地面垃圾，洒水，拖地面，保持地板光亮、无杂物污渍
○擦餐桌、餐椅，保持餐桌桌面干净，无油腻、杂物等，餐椅无灰尘油污
○保持餐厅走廊墙壁、楼梯、扶手干净无污迹

营业前，保洁员清扫地面垃圾并拖地

营业前，保洁员应保持餐厅走廊墙壁、楼梯、扶手干净无污迹

② 营业中

○随时保持桌椅干净，随时收拾已离开顾客桌上的碗盘，及时清理剩饭、杂物等
○随时清理地面遗留杂物，清扫积水

③ 营业后

○清扫卫生死角、门窗、门帘等
○清理泔水，泔水桶应保持干净、封闭
○整理卫生工具，将其放在指定位置

营业中，保洁员随时保持桌椅干净

营业结束后，保洁员整理卫生工具，将其放在指定位置

图1-12　保洁员每日工作流程（续）

八、保安员岗位职责与工作流程

（一）岗位职责

保安员的岗位职责如表1-13所示。

表1-13　保安员岗位职责

岗位名称	保安员
岗位职责	（1）维护餐厅大门前的交通秩序，引导车辆行驶和行人过往，保证门前畅通无阻 （2）保持高度警惕，如发现形迹可疑者，坚决不让其进入餐厅 （3）对来店客人彬彬有礼，表示欢迎；协助迎宾员帮助客人下车，若客人要将车停放在停车场，需引领其到适当位置停车，若没有车位要向客人解释清楚，建议客人将车停在附近的公共停车场 （4）认真学习餐厅各项制度和部门规定，遵纪守法 （5）着装整齐，精神饱满，仪表大方，要热情礼貌地回答客人询问 （6）做好门前警戒，特别是夜间警戒 （7）主动维护餐厅治安和就餐秩序，做好"五防"（防盗、防火、防抢、防损坏、防治安问题）工作

（二）工作流程

保安员的每日工作流程可分为营业前、营业中和营业后三个阶段，如图1-13所示。

图1-13　保安员每日工作流程

营业前,保安员负责打扫停车区域的卫生

营业前,保安员检查餐厅物品和设施安全

② 营业中

○指挥客人有序停放车辆,做到停放整齐、通道畅通
○为客人开门,提供周到服务
○防止员工或客人带危险品进店
○看管好车辆,防止车辆被剐蹭,若有意外情况发生要及时通知车主并请肇事者签字
○维护餐厅正常秩序,如有意外应及时处理

保安员指挥客人有序停放车辆,做到停放整齐、通道畅通

保安员为驾车客人开门

③ 营业后

○及时清理场地,避免无关人员在场地内逗留
○检查、巡视餐厅内外的安全工作
○检查灯是否关闭,窗帘是否拉上,门是否锁好等

图1-13　保安员每日工作流程（续）

餐厅服务礼仪规范

导语：

　　规范的服务礼仪，不仅可以帮助餐厅树立良好的形象，还能使员工获得客人的理解、好感与信任。因为员工学习和运用服务礼仪不仅是树立自身形象的需要，更是提高企业社会效益、提升自身竞争力的需要。

第二篇

餐厅员工仪容礼仪

第一节　餐厅员工仪容礼仪

　　餐厅员工的仪容不仅可以体现其个人素质，而且能够反映餐厅的精神风貌。

一、头发

　　餐厅员工应保持发型干净、整洁、不怪异。男服务员刘海不过眼，发脚侧不过耳，后不过衣领；女服务员如留长发，应用统一样式的发卡把头发盘起，不擦浓味发油，发型美观大方，不留怪异发型和披肩发。

二、面容

　　餐厅员工要做到面容洁净、端庄大方。男员工不留胡须，常修面；女员工化淡妆。

三、双手和指甲

男、女员工皆不能留长指甲。男员工不能留胡子或在手臂上刺青；女员工不可浓妆艳抹或涂有色指甲油。

四、清洁

餐厅员工应保持头发、皮肤、牙齿、手指的清洁和口腔的清新，要勤理发、洗头、修面，勤洗澡、更衣，勤剪指甲，勤洗手，可适当用除臭剂或没有刺鼻气味的香水。

领班检查服务员的仪容，使其保持干净整洁的形象

第二节　餐厅员工着装礼仪

规范、整洁、得体的着装是餐厅员工仪表的重要内容，也是衡量餐厅等级、服务水准的重要依据。

一、服饰

为了提升员工形象，很多餐厅会为员工设计工作服。餐厅员工的工

作服有许多不同的样式，但款式是约定俗成的，如服务员、迎宾员等用的款式。有些款式已沿用了几十年，虽没有明文规定，但已被本行业普遍认可。

小提示

餐厅员工的工作服从色彩到款式都不能过于引人注意，应以庄重、整洁为原则。

餐厅员工有各自的着装佩饰，即使在同一家餐厅，不同级别员工的着装佩饰也不相同。客人正是根据每位员工的着装佩饰，来判断员工的身份。

餐厅工作服有统一的要求，员工不能随意修改。餐厅员工应注意领子和袖口的洁净，保持工作服的挺括。每天上岗前，餐厅员工必须细心检查工作服上是否有菜汁、油渍，扣子是否齐全、有无松动，衣服是否有漏缝和破边等。总之，员工需反复检查并确认合格后才能穿着工作服上岗。

不同岗位的工作服样式不同，但着装要求相同，餐厅员工应保持工作服整体的挺括、洁净

小提示

　　规范的着装佩饰，既有利于员工开展工作，又有利于员工以典雅、大方、得体的仪表仪容出现在客人面前。

二、铭牌

　　餐厅员工要将统一印制的铭牌佩戴在规定的位置上（一般以左胸为佳）。

三、首饰

　　餐厅员工只可佩戴手表和结婚戒指。

四、领带

　　不少餐厅对不同层次的管理人员的领带颜色均有规定。餐厅员工要按规定系好领带，其长度以系好后大箭头垂至裤腰为宜。

五、领结

　　领结有平型领结、温莎式领结、中型式领带结和蝴蝶结四种。员工要按餐厅规定统一系领结。

六、鞋

　　餐厅员工应穿素雅、端庄、体面、大方的黑色布鞋或皮鞋。鞋应保持清洁。女性要穿平稳的黑色皮鞋，不适宜穿细跟的高跟皮鞋。

七、袜

袜子的颜色应与裤子、鞋同颜色或颜色相近；若深色袜子侧面绣有花纹，花纹也应是深色的。

男员工所穿袜子以中筒袜子为宜。女员工穿裙子时宜穿肉色丝袜并避免露出袜口，袜子要勤换洗，不可有异味。

第三节　餐厅员工仪态礼仪

仪态泛指人们呈现出的各种姿态，它包括举止动作、神态表情和相对静止的体态。仪态是表现个人涵养的一面镜子。

托盘规范演示

一、站姿礼仪

餐厅服务人员大多是站立开展服务的，尤其要注意站姿。

（一）站姿的基本要求

（1）站立时，身体要端正，挺胸、收腹、眼睛平视，嘴微闭，面带微笑，双臂自然下垂或在身体前交叉，右手放在左手上，以保持随时可以提供服务的姿态。

（2）肩膀要平直，不可耸肩歪脑。双手不可叉在腰间，不可放在身后，更不可抱在胸前。

（3）站立时，身体不能东倒西歪，不可坐在桌子上或靠在椅背上。站累了双脚可作"稍息"状，但上身仍须保持正直，要求是将身体重

服务员站立时，身体不能东倒西歪

心偏移到左脚或右脚上，另一条腿稍微向前屈，使脚部肌肉放松。

（4）站立时应留意同事及客人的呼叫。

（5）女服务员站立时，双脚应呈"V"字形，脚尖张开度为50度左右，膝盖和脚后跟要靠紧，不能双脚叉开。

（6）男服务员站立时，可双脚并拢，也可双脚叉开。叉开时，双脚应与肩同宽。身体不能东倒西歪，站累时脚可以向后或向前撤半步，但上身仍需保持正直，不可把脚向前或向后伸得太多，右手放在左手上，双手放前放后均可。

（二）错误站姿

对餐厅服务人员来说，最忌讳的站姿如图2-1所示。

| 东倒西歪 | 工作时东倒西歪，站没站相，坐没坐相 |

| 耸肩勾背或懒洋洋地倚靠在墙上或椅子上 | 耸肩勾背 |

| 双手乱放 | 将手随随便便地插在裤袋里或双手交叉放在胸前 |

| 摆弄打火机、香烟盒，玩弄衣带、发辫，咬手指甲等 | 做小动作 |

图2-1 餐厅服务人员错误站姿

（三）站立服务姿态

为顾客服务时，服务人员应面向顾客。这一原则同样适用于坐姿。背对顾客是不礼貌的。

（四）练习站立姿势

服务员可将身体背靠墙站好，使自己的后脑勺、肩、臀部及足跟均能与墙壁紧密接触，这说明你的站立姿势是正确的，反之则说明你的站立姿势不正确。

二、坐姿礼仪

餐厅服务人员也需要掌握坐姿的礼仪规范。

（一）正确坐姿

掌握正确的坐姿是人们必备的礼仪。那么，怎样坐才算是正确的坐姿呢？

（1）刚落座时要先把双脚跟并拢，也可把右脚尖向前斜出，显得比较悠闲，不至于呆板，这样可以保持均衡的自然美。

（2）将左腿跷在右腿上，这样可以给人一种大方高贵的感觉。但是不宜跷得过高，这样会有失风度，也不能把脚尖跷起。

（二）注意事项

餐厅服务人员练习坐姿时有如下注意事项。

（1）入座时要轻稳。服务员先走到座位前，从左边慢慢坐下，动作要轻而稳。

（2）女服务员入座后要把裙子理好。女士入座要娴雅，用手把裙子向前拢一下，再坐下，入座后把右脚与左脚并齐。

（3）不要坐满椅子，一般只坐满椅子的1/2或2/3。

小提示

注意不要坐在椅子边上，膝盖不要顶着桌子，更不要使双脚高于桌面。站立的时候，右脚先向后收半步，然后站起。

（4）男士坐下可分开膝盖，女士坐下则须双膝并拢。无论男女，无论何种坐姿，都切忌两膝盖分得太开，两脚呈八字形。女性可以采取小腿交叉的坐姿，但不可向前直伸。切忌将小腿架到另一条大腿上，或将一条腿搁在椅子上。

（5）切忌脚尖朝天，最好不要随意跷二郎腿。

（6）不可抖脚。坐立时，腿部不可上下抖动或左右摇晃。在社交过程中，腿部动作会显露出人的潜在意识，如小幅度地抖动腿部，频繁地交换架腿的姿势，用脚尖或脚跟拍打地面，脚踝紧紧交叠等动作，都是人紧张不安、焦躁、不耐烦情绪的表现。

（7）坐下后应该保持安静。不可一会儿向东看，一会儿向西看。

服务员应保持稳重端庄的坐姿

（8）双手自然放好。双手可相交搁在大腿上，或自然地放在大腿上，也可轻搭在沙发扶手上，但手心应向下，手不要乱动。

（9）不雅观的坐姿。坐在椅子上前俯后仰，或把脚架在椅子上或沙发扶手、茶几上，都是极不雅观的。

（10）可侧坐。端坐时间过长，会使人感觉疲劳，这时可变换为侧坐。坐时间长了想靠在沙发背上也是可以的，但不可把脚一伸，半躺半坐，更不可歪歪斜斜地躺在沙发上。

三、走姿礼仪

（一）正确走姿

正确的走姿是脚正对前方形成直线，脚跟要落在这条直线上，上体正直、抬头、平视、微笑，双臂自然地前后摆动，肩部放松，步伐轻而稳。

（二）注意事项

餐厅服务人员练习走姿时有如下注意事项。

1. 切忌身体摇摆

行走时切忌晃肩摇头，上身左右摆动，给人以庸俗、无知和轻薄的印象，脚尖不要向内或向外，或者弯腰弓背，低头无神，步履蹒跚，给人以压抑、疲倦的感觉。

2. 目光注视前方

走路时眼睛应注视前方，不要左顾右盼，不要回头张望，不要总是盯着行人乱打量，更不要一边走路，一边指指点点地对别人评头论足，这样很不礼貌。

3. 双手不可乱放

走路的时候，不可把手插在衣服口袋里或插在裤袋里，也不要叉腰或背着手。

走路时要用腰力，要有韵律感

4. 脚步干净利索

走路时脚步要干净利索，有节奏感，不可拖泥带水，也不可重如打锤。

5. 同行不要排成行

几个人在一起走路时，不要勾肩搭背，不要拍拍打打。多人在一起走的话，不要排成行。

6. 有急事勿奔跑

如果有急事，可以加快脚步，但切忌奔跑，特别是在过道里。

7. 走路要用腰力

走路时要用腰力，要有韵律感。走路时如腰部松懈，会有吃重的感觉，不美观；拖着脚走路会更难看。

小提示

走路的美感产生于下肢运动与上身稳定之间形成的对比与和谐，以及身体的平衡对称。要做到出脚和落地时脚尖都正对前方，抬头挺胸，迈步向前。女性穿着裙子时要走成一条直线，使裙子下摆与脚的动作显出优美的韵律感。

8. 保持好心情

走路的姿势与心情有关。心理学家认为，低垂着头，双肩晃动和驼背，表示此人精神不振、消极自卑。

（三）走姿练习

餐厅员工练习走姿时可以采用头顶书本走路的方法。这种方法对于走路时喜欢低头或头部歪向一方，以及习惯前后晃动肩膀的人，是一种很好的矫正手段。

四、蹲姿礼仪

在日常生活中，人们对掉在地上的东西，一般习惯于弯腰或蹲下将其捡起，餐厅服务人员如果也像普通人一样随意弯腰捡起掉落的物品就是不合适的。

（一）正确的蹲姿

正确的蹲姿有如下要点。

（1）下蹲拾物时，应自然、得体、大方，不遮遮掩掩。

（2）下蹲时，两腿应合力支撑身体。

（3）下蹲时，应使头、胸、膝关节在同一个角度上，保持蹲姿优美。

女士无论采用哪种蹲姿，都要将双腿靠紧，臀部向下

（4）女性无论采用哪种蹲姿，都要将双腿靠紧，臀部向下。

（二）交叉式蹲姿

女性可采用交叉式蹲姿，下蹲时右脚在前，左脚在后，右小腿垂直于地面，全脚着地。左膝由后面伸向右侧，左脚跟抬起，脚掌着地。两腿靠紧，合力支撑身体。臀部向下，上身稍向前倾。

（三）高低式蹲姿

下蹲时右脚在前，左脚稍后，两腿靠紧向下蹲。右脚全脚着地，小腿基本垂直于地面，左脚脚跟提起，脚掌着地。左膝低于右膝，左膝内侧靠于右小腿内侧，形成右膝高、左膝低的姿态，臀部向下，基本上以左腿支撑身体。

小提示

服务员弯腰捡拾物品时，两腿叉开、臀部向后撅起是不雅观的姿态。

五、手势礼仪

（一）直臂式

直臂式手势主要用于为客人指引方向，将手抬至胸部高度，五指伸直并拢，掌心向上，以肘关节为轴，朝特定方向指示。

在指引方向时，服务人员的身体要侧向客人，眼睛要兼顾客人和所指方向，直到客人表示已清楚了方向，再把手臂放下，向后退一步，施礼并说礼貌用语。

直臂式手势主要用于为客人指引方向

（二）横摆式

横摆式手势主要用于迎宾，五指伸直并拢，掌心斜向上45度，手与前臂呈一条直线；手从腹部抬起向右摆动，以肘关节为轴；肘关节不可成直角，也不要完全伸直；不能将手臂摆在体侧或身后；左手下垂，同时脚呈丁字状，面带微笑，目视客人。

一般情况下，服务人员要站在客人的右侧，并将身体转向客人。当客人将要走近时，服务员应向前上一小步，不要站在客人的正前方，要与客

横摆式手势主要用于迎宾

人保持适当的距离。上步后，向客人施礼、问候，然后向后撤步，先撤左脚再撤右脚，将右脚跟靠于左脚心内侧，站成右丁字步。

（三）曲臂式

曲臂式手势多用于迎客到门口时，右手五指伸直并拢，从身体的侧前方，由下向上抬起，上臂抬至离开身体45度的高度，然后以肘关节为轴，手臂由体侧向体前左侧摆动呈曲臂状，请客人进去。

（四）斜摆式

斜摆式手势多用于请客入座，要用双手扶椅背将椅子拉出，然后一只手屈臂由前抬起，再以肘关节为轴，前臂从上向下摆动，使手臂向下

曲臂式手势多用于迎客到门口时

呈一斜线，表示请客人入座。当客人在座位前站好后，服务人员要用双手将椅子前移至合适的位置，请客人坐下。

斜摆式手势多用于请客入座

六、表情礼仪

表情是人体语言中非常丰富的部分，是人内心情绪的反映。人们通过喜、怒、哀、乐等表情来表达内心的感情。构成表情的主要因素包括目光和笑容。

（一）目光

"眼睛是心灵之窗"，从一个人的眼神中，可以看到他的内心世界。一个具备良好形象的人，其目光应是坦然、亲切、友善、有神的。

1. 注视的部位

与人交谈时，只有注视对方，才能表现出诚恳与尊重。注视范围为上至对方额头，下至衬衣的第二粒纽扣，左右以两肩为准。一般有图2-2所示的三种注视方式。

注视对方双眼	●	表示自己重视对方，愿意洗耳恭听，但时间不要太久
注视对方额头	●	表示严肃、认真、公事公办
注视对方面部	●	表示亲切或关切

图2-2　注视的方式

小提示

与人交往时，冷漠的、呆滞的、疲倦的、轻视的、左顾右盼的眼神都是不礼貌的。切不可盯人太久或反复上下打量，更不可以对人挤眉弄眼或用白眼、斜眼看人。

2. 注视的角度

注视别人时，目光的角度可表示与交往对象的亲疏远近。

（1）平视或正视，常用于在普通场合与身份、地位平等的人进行交往时。

（2）侧视，即位于交往对象的一侧，面向并平视着对方，关键在于面向对方，若为斜视对方，即为失礼之举。

（3）仰视，主动居于低处，抬眼向上注视对方，以表示尊重、敬畏对方。

（4）俯视，向下注视他人，可表示对晚辈的宽容、怜爱，也可表示对他人的轻慢、歧视。

3. 注视的时间

注视的时间应控制在整个谈话时间的1/3～2/3。注视的时间太少，表示冷落、轻视或反感；若长时间注视对方，特别对异性和初识者上下打量，是不礼貌的。

（二）笑容

笑有微笑、大笑、冷笑、嘲笑等多种，不同的笑表达了不同的感情。微笑是指不露牙齿，嘴角的两端略微提起的表情。微笑是对人表示尊重、理解和友善。与人交往时面带微笑，可以使人感到亲切、热情，同时也容易得到别人的理解、尊重。

1. 微笑的礼仪

微笑的美在于适度、亲切自然。微笑要诚恳和发自内心，做到"诚于中而形于外"，切不可故做笑颜，假意奉承。一般来说，微笑礼仪应做到"微笑三结合"，具体如图2-3所示。

与眼睛相结合	☞	当你微笑的时候，你的眼睛也要"微笑"，否则给人的感觉是"皮笑肉不笑"。微笑只有通过眼睛表达出来才会更传神、更亲切
与语言相结合	☞	微笑和问候语、敬语结合起来使用，对方会感到你的话语是发自内心的
与身体相结合	☞	微笑和点头、握手、鞠躬礼等礼节结合起来使用，会加重肢体语言中的感情色彩

图2-3　微笑三结合

2. 微笑的技巧

微笑是一种极具感染力的交际语言，不但能快速缩短你和他人的距离，并且能传情达意。当然，微笑看似简单，也需要讲究一定的技巧，具体如图2-4所示。

01 微笑要自然
微笑要真诚 02
03 微笑要有不同的含义
微笑的程度要适中 04
05 微笑要看不同的人际关系与沟通场合

图2-4　微笑的技巧

（1）微笑要自然

只有发自内心才能笑得自然，笑得亲切，笑得美好、得体。切记不能为笑而笑，没笑装笑。

（2）微笑要真诚

人们对笑容的辨别力非常强，一个笑容代表什么意思，是否真诚，人们都能敏锐地判断出来。所以，微笑时一定要真诚。真诚的微笑会让对方内心产生温暖，引起对方的共鸣，加深双方的友情。

（3）微笑要有不同的含义

对不同的沟通对象应使用不同含义的微笑，传达不同的感情。

尊重、真诚的微笑应该是送给长者的，关切的微笑应该是送给孩子的。

（4）微笑的程度要适中

微笑是向对方表示一种礼节和尊重，我们倡导多微笑，但不是说要时刻保持微笑。微笑要恰到好处。

当对方看向你的时候，你可以直视他微笑并点头。当对方发表意见时，你应一边听一边不时微笑。如果不注意微笑程度，笑得放肆、过分、没有节制，就会有失身份，引起对方的反感。

（5）微笑要看不同的人际关系与沟通场合

对人微笑也要看场合，否则就会适得其反。

当客人在餐厅举办追忆宴时，微笑就是很不合时宜的。因此，微笑一定要分清场合。

与客人交谈时，服务人员应面带微笑，并注视着客人

第四节　餐厅员工礼节规范

餐厅服务中常见的礼节有问候礼、称呼礼、应答礼、操作礼、迎送礼、宴会礼、鞠躬礼和致意礼等。

一、问候礼

问候礼是服务员在客人进店时的一种接待礼节，以问候、祝贺性语言为主。问候礼分为以下几种不同的问候。

1. 初次见面的问候

客人刚刚进入餐厅时，服务员应说"先生（小姐），您好（或欢迎光临），我是××号服务员（我是小×），很高兴能为您服务"。

2. 时间性问候

与客人见面时，要根据早、中、晚的大概时间问候"早上好""中午好""下午好"等。

3. 对不同类型客人的问候

到餐厅用餐的客人类型很多，服务员要对不同类型的客人有区别地进行问候，例如，对过生日的客人说"祝您生日快乐"，对新婚的客人说"祝您新婚愉快"等。

4. 节日性问候

节日性问候一般用在节日前或节日后不久，如春节、元旦（新年）、国庆节等，应问候客人"节日快乐""新年好"等。

5. 其他问候

当客人身体欠佳或客人醉酒、发怒时都应对客人表示关心。

二、称呼礼

称呼礼是指服务员在日常服务过程中和客人打交道时使用的称谓。称呼要切合实际情况。

1. 一般习惯性称呼

在称呼客人时，一般称男子为"先生"，称未婚女子为"小姐"，称已婚女子为"女士"，对不了解婚姻状况的女子统称"小姐"，对戴结婚戒指和年龄稍大的女子可称"女士"。

2. 按职位称呼

服务员如果知道客人的职位则要称呼其职位，如王局长、李主任等。

如果服务员知道客人的职位，要称呼其职位

三、应答礼

应答礼是指服务员同客人交谈时的礼节。

（1）在解答客人问题时，服务员必须保持良好的站姿，不背靠他物，讲话语气温和，有耐心，双目注视对方，集中精神倾听，以示尊重。

（2）对客人的赞扬、批评、指教、抱怨，服务员都必须有恰当的语言回答，不能置之不理，否则就是一种不礼貌的行为。

（3）服务员在为客人解决问题时，语气要委婉，如客人提出的某些问题超出了自己的权限，应及时请示上级及有关部门，不能说一些否定语，如"不行""不可以""不知道""没有办法"等，应回答："对不起，我没有这个权限，我去请示一下领导，您看行吗？"

四、操作礼

操作礼是指服务员在日常工作中使用的礼节。服务员既要做好服务工作又要保证不失礼，必须注意以下两点。

（1）服务员在日常工作中要着装整洁，注意仪表，举止大方，态度和蔼，在工作时间不大声喧哗，不开玩笑。在进入客人房间之前要敲门，敲门时不能猛敲，要用手指关节有节奏地轻敲，在获得客人同意后再进去，开门、关门时动作要轻，不要发出太大的响声。

（2）工作时，如影响到客人，服务员应表示歉意，说"对不起，打扰一下"或"对不起，请让一下好吗"等。

五、迎送礼

迎送礼是指服务员迎送客人时的礼节。

（1）客人来店时，服务员要主动向客人问好，在此过程中，要按"先主宾后随员，先女宾后男宾"的顺序进行引导，对老弱病残客人要主动搀扶。

（2）客人用餐完毕离开时，服务员应逐一向客人道别，迎送礼要求热情得体、不温不火。

六、宴会礼

不论何种宴席，餐厅服务员都要懂得一定的礼节，在为宴会宾客提供服务的过程中按一套规定的礼节操作，如斟酒、上菜必须按一定的顺序，摆放菜品时要遵循一定的规则。席间服务需依据酒宴主题，符合当地的风俗习惯等。

无论何种宴席，服务员都要按照规定的礼节操作

七、鞠躬礼

鞠躬礼一般是指晚辈对长辈、下级对上级以及初次见面的朋友之间使用的礼节。行鞠躬礼时必须先摘下帽子，手垂后，用立正姿势，两眼注视受礼者，身体上部前倾50度左右，而后恢复原来的姿势。

八、致意礼

在一般情况下，点头致意是同级或平辈之间使用的礼节。在日常工作中，当同一位服务员与客人多次见面时，在问候客人"您好"的同时，还须点头微笑致意。

第五节　餐厅服务用语

一、问候语

（1）"先生（小姐）您好！欢迎光临！"
（2）"中午（晚上）好，欢迎光临！"
（3）"欢迎您来这里用餐！"
（4）"欢迎您！一共几位？请这里坐。"
（5）"请问先生（小姐）有预订吗？是几号房间（几号桌）？"
（6）"请跟我来。"
（7）"请这边走。"

二、征询语

（1）先生（小姐），您坐这里可以吗？"

（2）"请问先生（小姐），现在可以点菜了吗？"

（3）"这是菜单，请您看看。"

（4）"请问先生（小姐）喜欢用点什么酒水（饮料）？我们这里有……"

（5）"对不起，我没听清您的话，您再说一遍好吗？"

（6）"请问先生（小姐）喜欢吃点什么？我们今天新推出……（我们的特色菜有……）"

（7）"请问先生还需要点什么？"

（8）"您用些……好吗？"

（9）"请问先生现在可以上菜了吗？"

（10）"请问先生，我把这个菜换成小盘可以吗？"或者"请问，可以撤掉这个盘子吗？"

（11）"请问先生，可以上一个水果拼盘吗？我们这里的水果有……"

（12）"您吃得好吗？"

（13）"您觉得满意吗？"

（14）"您还有别的事吗？"

（15）"现在可以为您结账吗？"

三、感谢语

（1）"感谢您的意见（建议），我们一定改正。"

（2）"谢谢您的帮助。"

（3）"谢谢您的光临！"

（4）"谢谢您的提醒。"

（5）"谢谢您的鼓励，我们会继续努力。"

 案例

　　一位客人在用餐时，不小心将筷子掉在了地上。这位客人把筷子从地上捡起来随便一擦，又准备继续使用。这时值台服务员眼疾手快，马上将一双干净筷子递到客人面前，并说"对不起，请用这一双，谢谢合作！"客人大为感动，在离开餐厅之前，特意找到经理夸奖这位服务员说："你们的服务员反应迅速，她帮助了我还要感谢我，真是训练有素！希望餐厅给予奖励。"

四、道歉语

（1）"真对不起，这个菜需要点时间，请您多等一会儿好吗？"

（2）"对不起，让您久等了，这是××菜。"

（3）"真是抱歉，耽误了您很长时间。"

（4）"对不起，这个菜品刚刚卖完，××菜和它的配料基本相似。"

（5）"对不起，我把您的菜上错了。"

（6）"实在对不起，我们重新为您做一下好吗？"

（7）"对不起，请稍等，马上就好！"

（8）"对不起，打扰一下。"

（9）"实在对不起，弄脏您的衣服了，让我拿去洗好吗？"

五、应答语

（1）"好的，我会通知厨房，按您的要求去做。"

（2）"好的，我马上就去。"

（3）"好的，我马上安排。"

（4）"是的，我是服务员，非常乐意为您服务。"

（5）"谢谢您的好意，我们是不收小费的。"

（6）"没关系，这是我应该做的。"

（7）"我明白了。"

六、祝福语

（1）"祝您用餐愉快。"

（2）"新年好""新年快乐""圣诞快乐""节日快乐"。

（3）"祝您新婚愉快。"

（4）"祝您早日康复。"

（5）"祝您生日快乐。"

（6）"祝您心情愉快。"

七、送别语

（1）"先生（小姐）慢走，欢迎下次光临。"

（2）"先生（小姐）再见。"

（3）"请慢走。"

餐饮服务基础知识

导语:

　　餐厅服务人员必须牢记餐饮服务的特征，了解不同类型客人的特点，熟悉中西菜系的基础知识，掌握常用的酒水知识。

第一节 餐饮服务的基本特征

为了给客人提供最好的服务，餐厅服务员一定要熟练掌握餐饮服务的基本特征。

一、不可量化性

虽然对服务质量无法进行量化分析，但餐厅管理者可以通过客人用餐后的感觉评判服务质量的优劣。服务员必须接受专业训练，为客人提供优质的服务，尽可能满足其不同的消费需求。

二、不可储存性

餐饮服务具有不可储存性。当客人用餐结束离开餐厅，服务也随之结束，不能储存给下次使用，只有客人亲临餐厅用餐才能享受服务。

三、不可转让性

客人无法把其享受的服务转让给第三方，且仅以"当时"为限，等到其下次光临时，会因服务员的不同或就餐环境等的不同，获得另外的就餐服务。

四、同步性

餐饮服务的特点之一就是服务员在接到客人提出的要求后才可提供相应的服务。当客人指定菜品后，餐厅就确定了其消费形态和类别，厨房也依据菜单的内容开始整理、制作。因此，餐饮服务的生产、销售和消费这三个环节是同时进行的。

餐饮服务的生产、销售、消费同时进行

五、有价性

餐饮服务是一种有偿服务，其本身具有价值，能为企业带来利润。优质的服务是餐饮企业获得成功的重要因素之一，它能够为企业带来效益。

六、直接性

餐饮服务的生产、销售和消费的效果能直接体现出来。这一特点决定了餐饮服务不同于一般商品销售活动。因此，如果在服务过程中出现差错，如服务员上菜时不小心把汤汁洒在了客人身上，由此造成的不良影响只能通过其他途径予以弥补。

小提示

服务人员必须具有高度的责任感和良好的服务技能，认真做好自己的本职工作，以达到良好的服务效果。

七、灵活性

客人来自不同的国家和地区，处于不同的层次、不同的文化背景之中，有着不同的年龄、不同的职业、不同的思想意识和道德规范，并且有不同的风俗礼仪、饮食习惯等。于是，服务人员在工作中应具备一定的灵活性，满足不同的客人在就餐过程中的不同需求。

八、差异性

不同的餐饮企业之间的服务存在差异性，即使在同一家餐厅也会因服务对象、服务员、厨师、菜单等的差异或时间的不同，出现多种多样的服务模式和形态。

九、规范性

随着餐饮业的发展，餐饮服务必须具有统一的服务标准和规范，以不断提高整体服务水平。餐饮企业制定了服务标准和规范，就能有章可循，对服务人员进行规范化管理，使每位服务人员能够遵照标准认真执行各项服务规程，形成统一、规范的服务水准，显示企业的面貌和特色。

餐饮服务具有统一的服务标准和规范

第二节　不同类型客人的特点

来餐厅消费的客人来自五湖四海，其年龄、性格、身份和消费习惯等各方面都不相同。因此，服务员要了解各种不同类型的客人，有针对性地为其提供服务。

一、不同年龄客人

不同年龄客人的就餐特点如表3-1所示。

表3-1　不同年龄客人的就餐特点一览表

类别	特点
青年客人	青年客人喜欢一些新潮时尚的东西，服务员可以为他们推荐新鲜的菜品或各种不同风味和制作方法的菜品，一般青年人的经济能力不强，因此菜品的价格不要太高。对青年客人的服务应该亲切自然，不必太殷勤，但也不能太冷淡，应适度。上菜的速度要尽量快，通常青年人缺乏耐心，如果等得太久，会让他们感到烦躁
中年客人	中年客人对食、住要求不高，但非常重视孩子的饮食健康。餐厅服务员可多介绍一些营养价值较高又实惠的菜肴，或向小朋友推荐一些新奇有益的饮料
老年客人	老年客人吃饭时喜欢热闹的气氛，对工艺品颇感兴趣。服务员对老年客人的照顾需细心周到，要让他们体会到无微不至的关怀，还可向他们推荐那些营养价值高、酥软易消化的菜品

二、不同性格客人

不同性格客人的就餐特点如表3-2所示。

表3-2　不同性格客人的就餐特点一览表

类别	特点	对策
活泼型客人	活泼型客人性格开朗外向，善于和人交往，给人一种随和、好相处的感觉，就餐气氛会比较活跃	对于这类客人，服务员要表现得主动热情，多和客人交流，以赢得客人的好感。服务员在和客人沟通时，可以采取积极的推销策略，如推荐一份套餐，或主动介绍餐厅的特色菜肴等，能很快得到客人的认同
急躁型客人	急躁型客人的性格比较急，希望自己的要求能够马上得到满足；要求服务员有问必答；向服务员提出要求时，喜欢采用定性的语言，有时还会使用手势加强语气；对服务感到不满时很容易生气，往往过后又会为自己的冲动而后悔。这类客人心直口快、性格直爽	服务员在为这类客人提供服务时，要沉着冷静，保持平和的心态，行走迅速、语言简练，对客人提出的任何要求均给予准确的回答
稳重型客人	通常稳重型客人不会对服务员提出过多要求，但他们对服务的标准有很严格的要求	餐厅服务员在服务工作中应严格遵循服务程序与标准。严谨的工作作风、专业的操作方式、恰当的语言表达等，都有助于服务员达到客人期望的水平

为稳重型客人提供服务时，服务员要严格遵循服务程序与标准

三、不同消费类型客人

不同消费类型客人的就餐特点如表3-3所示。

表3-3　不同消费类型客人的就餐特点一览表

类别	特点	对策
求新型客人	求新型客人喜欢新颖、刺激，追求标新立异。这类客人大多是年轻时尚的人，喜欢追赶潮流，为了追求服务的新颖、别致、刺激，不太注重菜品的质量和价格	餐厅的新菜品以及服务的标新立异对这类客人具有很强的吸引力
信誉型客人	信誉型客人注重获得良好的心理感受。他们在消费时，非常看重餐厅的菜品特色，以及就餐环境是否清洁、安全、舒适，以使自己获得满意且愉快的心理感受	这类客人并不过分苛求餐厅的设施和价格，但对脏乱的环境和冷漠的服务态度会心存不满，他们认为就餐应该是一个快乐、放松的过程，他们要求得到满意、愉快、舒畅的心理感受。因此，服务员在为这类客人服务时要特别小心
享受型客人	享受型客人比较注重品位，是高档菜品和高级包间雅座的消费者	为了满足享受型客人的需要，餐厅不仅要提供高水平的菜品和就餐环境，还要求服务员提供全面、优质的服务
便利型客人	便利型客人注重服务场所和服务方式的便利性，并讲究一定的质量。这类客人大多具有很强的时间观念，最怕的是排队、等候和服务员的漫不经心、不讲效率	服务员在为这类客人服务时，要处处为客人着想，为他们提供便捷、高质量的服务
求廉型客人	求廉型客人非常关注菜品的价格，希望吃到物美价廉的菜品。这类客人很节俭，处处精打细算，不喜欢浪费，他们非常注重饮食制品和服务收费的价格，但对质量没有太高的要求	服务员在为这类客人服务时，要提供中低档的服务项目满足他们的需要

第三节　中餐菜系基础知识

餐厅服务员只有充分了解了菜系的基础知识，才能在向客人推荐菜品时有针对性地准确介绍，满足客人的消费需求。

一、鲁菜

鲁菜是山东菜的简称，由济南、胶东地区（包括烟台、青岛）的地方菜组成。鲁菜的特点是口味鲜、形态美，加工精细，功在火候。

（一）鲁菜的技法

鲁菜的技法以爆、炒、炸、熘、煽、焖、扒见长。尤以"爆""煽"为世人称道。鲁菜的"爆"法可分为油爆、汤爆、葱爆、酱爆、芫爆等多种方式。用"爆"制菜需旺火速成，是保护蔬菜营养素的最佳方法之一。

"煽"是鲁菜独有的方法。菜品要提前腌渍入味，或夹入馅心，再沾粉或挂鸡蛋糊，用油两面煽煎至金黄色时，再放入调料和清汤，以慢火收汁。其代表菜"锅煽豆腐""锅煽鱼扇"被众多客人偏爱。

锅煽豆腐是鲁菜中被众多客人偏爱的菜品

（二）鲁菜味型

鲁菜的"味"体现在咸、鲜、酸、甜、辣等味型上，其特点如表3-4所示。

表3-4　鲁菜味型特点一览表

味型	特点
咸	咸被视为鲁菜的基本味，将盐作调和五味的根本。济南菜多用盐水，这比用盐调味更均匀。此外，还采用酱、酱油、豆豉、豉汁、腐乳等由盐衍生出来的调味品
鲜	多源于"清汤""奶汤"。除甜菜外，所有菜在炒制中都要用"汤"。在爆炒、清炒、熘、煽的兑汁中，都要加入"清汤"。在"白扒"菜中要加入奶汤

味型	特点
酸	酸味基本上取决于醋。在菜品中醋不仅有酸味，更要取其香味。用热油先烹醋，待香味挥发出来再放入主料。鲁菜中"糖醋瓦块鱼"的糖醋汁即属甜酸味型。在汤汁中直接加醋而取其酸，如"醋辣鱼""醋酸鱼块""山东蒸丸"皆属酸味较浓的菜肴
喜葱蒜及其辣	这是山东人的一种特殊嗜好。大葱以章丘最为有名，味甘而辛，可生食，用生葱蘸甜面酱更别具风味。这种吃法随山东名菜"烤鸭""锅烧肘子""清炸大虾"等进入高档宴席。鲁菜喜欢以葱香作调味，不论是爆、炒、烧、熘还是调汤都以葱蒜炝锅

二、川菜

川菜以成都、重庆两地为代表。川菜常用的烹制方法有30余种，其中尤以小煎、小炒、干烧、干煸独具特色。

每种制作方法都有独特、完整的工艺要求。同一种烹调方法，因原料、味别的差异，其菜式制法又各具特色，如炒有生炒、熟炒、小炒、软炒几种，一种炒法之中又可分贴锅炒、沙炒、盐炒、油炒。

（一）川菜独有烹制方法

小煎、小炒、干煸、干烧为川菜独有的烹制方法。小煎、小炒时不过油，不换锅，急火短炒一锅成菜。菜品鲜而不生，滚烫喷香。干烧时微火慢烧，用汤不满不欠自然收汁，口味浓而不酽。干煸时中火旺油、反复煸炒，菜品以酥制韧，散发干香之味。

（二）川菜味型

川菜的"味"尤为突出。四川出产了独具特色的调味品，如郫县辣豆瓣、自贡川盐、保宁食醋、潼川豆豉、涪陵榨菜、新繁泡姜和泡辣椒等。川菜有"一菜一格、百菜百味"的美誉，其中"格"和"味"都是这些独特的调味品调制出来的。厨师的技艺可将单一味道调制成咸、鲜、糖醋、鱼香、家常、陈皮、怪味等各具特色的复合味。

怪味、鱼香味、家常味是四川菜独到的三大味型。

（1）怪味，是用姜、蒜、葱、白糖、花椒面、红油、醋、白酱油、芝麻油、味精等10余种调料调成的。其味要求集甜、麻、辣、香、鲜于一体，不能突出某一味，而是要味中有味、重叠和谐。

（2）鱼香味，要求成菜中咸甜酸辣四味兼有，突出的香味是葱、姜、蒜味。

麻婆豆腐是川菜中最具代表性的菜品之一

（3）家常味，其基本味型是咸鲜微辣，其味浓淡随菜式所需而定。

三、粤菜

粤菜也称广东菜，由广州、潮州、东江三地的风味菜肴组成，特点如表3-5所示。

表3-5　粤菜特点一览表

地区	特点
广州菜	广州菜包括肇庆、韶关、湛江等地风味。其特点是取料广、选料精、配料奇、技艺精、善变化、品种多，品味讲究清鲜、嫩脆、滑爽。特别擅长炒、煎、炆、炸、煲、炖、扣等技法。主要代表菜有"龙虎凤烩""白云猪手""蚝油网鲍片""红烧大群翅"等
潮州菜	潮州菜接近闽粤，汇两家之长自成一派。刀工精细，善烹海鲜，汤菜尤具特色。口味偏重香、浓、鲜、甜、清醇。汤菜爱用鱼露、沙茶酱、梅子酱、红醋等调料。制作方法以焖、炖、烧、焗、炸、蒸、炒、泡等技法最为擅长。其代表菜有"柠檬炖鸭""潮州烧鹅""鲜炸蟹塔"等
东江菜	东江菜又名客家菜，其饮食习俗仍保留中原固有的风貌。原料多用肉类，极少用水产。主料突出，用油重，口味偏咸，朴实大方，以砂锅菜见长，以烹制鸡、鸭著称。有独特的乡土风味。烹调方法多而善变，常用蒸、炖、烩等方法。其代表菜有"东江盐焗鸡""东江全鸭""煎酿豆腐""东江鱼丸"等

粤菜代表1——味蟹海鲜煎

粤菜代表2——金沙帝王蟹

四、苏菜

苏菜是江苏菜的简称，其影响遍及长江中下游广大地区。苏菜主要由淮扬菜、金陵（江宁）菜、苏锡菜和徐海菜四个流派组成。

（一）淮扬菜

淮扬风味菜以扬州、两淮（淮阴、淮安）为中心，以大运河为主干，南至镇江，东至南通，北至盐城。菜肴口味以清淡见长，咸甜适中，味和南北。扬州不仅保存了大量的传统菜，也创新了许多佳味。如"三套鸭""将军过桥""醋熘鳜鱼""文思豆腐"，都是有口皆碑的名菜。两淮鳝鱼席久负盛名，其中以"炝虎尾""生炸蝴蝶片""炒软兜"最有名。镇江的鲥鱼、刀鱼、鳜鱼菜肴远近驰名，清蒸鲥鱼则是席上珍品。南通以烹制海鲜、水产、禽类菜肴闻名于江苏，最知名的菜肴有"清炖蟹黄狮

清炖蟹黄狮子头是淮扬菜的代表菜品之一

子头"、"珊瑚虾仁"、"天下第一鲜"等。

（二）金陵（江宁）菜

金陵（江宁）风味菜又称"京苏大菜"，指南京菜。南京菜在口味上兼取四方之美，适应八方之味，擅长焖、炖、叉烧、烤等，以滋味柔和、醇正适口为特色。其代表菜有"金陵桂花鸭"、"拆烩鲢鱼头"、"炖蒸核仁"、"金陵扇贝"等。

（三）苏锡菜

苏锡风味菜以苏州、无锡为中心。春秋时期，最著名的苏锡菜是吴国堂邑专诸所做的"金鱼炙"。到了唐代，苏锡菜转变为重火候，善用炖、焖、煨、焐等技法，多以水产贝虾为主，兼取爆、炒、煎、炸等技法，使其更为丰富多彩。细腻玲珑，其口味由重甜、浓油、咸鲜逐渐趋向清新爽口。苏锡菜注重造型。其名菜有"碧螺虾仁"、"雪花蟹斗"、"松鼠鳜鱼"、"鸡茸蛋"、"香脆银鱼"、"镜箱豆腐"、"常熟叫化鸡"。

苏锡菜的代表菜品——松鼠鳜鱼

（四）徐海菜

徐海风味菜是指由徐州沿东陇海线至连云港一带的地方风味菜。

徐海人爱食羊肉，几乎所有餐厅都有羊肉菜肴。徐海菜口味主要以咸鲜为主，以猪、羊、鸡和冬令时蔬制作菜点，特别注重原汤原味、一菜一味。在烹饪技巧上，徐海菜精于炒、爆、熘、干炸。"糖醋黄河鲤鱼"在徐海享有盛名，徐海酒宴素有"无鲤不成席"之说。

　　总之，江苏菜系的特点为选料严谨，制作精细，因材施艺，四季有别。其烹调注重炖、焖、蒸、炒、烧，善调汤，保持原汁原味，汤汁应用面广，淡而不薄，浓而不腻。菜品酥烂脱骨而不失形，滑嫩爽脆而不失其质。

五、浙菜

　　浙菜由杭州、宁波、绍兴和温州四个地方的风味菜肴组成，特点如表3-6所示。

东坡肉是浙菜中杭州地区的风味菜肴之一

表3-6　浙菜特点一览表

地区	特点
杭州菜	杭州菜是浙菜的主流。传承南宋以来历代名厨的技艺，菜肴制作精细，清鲜爽脆，淡雅细腻，具有古都的典雅特色；以"西湖醋鱼""东坡肉""龙井虾仁""生爆鳝片""干炸响铃""油焖春笋""宋嫂鱼羹""叫花童子鸡""西湖莼菜汤"等菜最有名
宁波菜	宁波菜以鲜咸为基础，注重保持原汁原味。用料实在，色重，口味较浓。因宁波濒临东海，故以烹制海鲜擅长。宁波名菜有"雪菜大汤黄鱼""锅烧鳗鱼""黄鱼羹""冰糖甲鱼""目鱼大烤""三丝拌蛤"等
绍兴菜	绍兴菜以绍兴酒糟烹制的糟菜著称，菜肴香酥糯绵，汤浓味重。绍兴菜以河鲜、家禽为主，具有浓厚的乡村风味，代表菜有"糟鸡""糟熘虾仁""干菜焖肉""绍兴虾球"等
温州菜	温州在我国古代历史上称"瓯"，素以"东瓯名镇"著称。"瓯菜"以烹制海鲜见长，口味清淡，淡而不薄；烹调讲究"二轻一重"（即轻油、轻芡，重刀工），其代表菜有"爆墨鱼丝""网油黄鱼""炸熘黄鱼""蒜子鱼皮"等

六、徽菜

　　徽菜是安徽菜的简称，由皖南、沿江和淮北三种地方风味菜组成。其中，徽州地方菜是皖南风味的代表，是徽菜的主流和渊源。

（1）徽菜以烹饪山珍野味著称，擅长烧、炖，讲究火工，并惯以火腿佐味、冰糖提鲜，善于保持原汁原味。不少菜用木炭火单炖，不仅体现了徽菜的古朴典雅风貌，而且菜香四溢，诱人食欲。其代表菜有"火腿炖甲鱼""冰糖香莲""红煨鱼翅""清炖马蹄鳖""黄山炖鸡"等。

清炖马蹄鳖是徽菜著名风味菜肴

（2）沿江风味盛行于芜湖、安庆、合肥等地区，以烹调河鲜、家禽见长，讲究刀工，注重造型，以糖调色，其烟熏技术别具一格。其菜肴具有酥嫩、鲜醇、清爽、浓香的特点，代表菜有"毛峰熏鲥鱼""清香砂焐鸡"。

（3）淮北风味主要由蚌埠、宿县、淮北等地菜式构成，其风味特点是咸中带辣，汤汁口重、色浓，惯用香菜作佐料和配色。其烹调长于烧、炸、熘，菜品质朴、酥脆、咸鲜、爽口。闻名全国的"符离集烧鸡""葡萄鱼""奶汁肥王鱼""香炸琵琶虾"等是当地著名风味菜肴。

香炸琵琶虾是淮北著名风味菜肴

七、湘菜

湘菜是湖南菜的简称，由湘江流域、洞庭湖畔、湘西山区等地的风味菜肴汇集而成。

（一）湘江流域

湘菜以湘江流域的风味菜肴为代表。以长沙、湘潭、衡阳为中心的湘江流域的风味菜肴是其主流，其特点是用料广泛、制作精细、品种多样、油重色浓，制作上以炒、蒸、腊、炖、煨等技法见长，口味则注重酸辣、香鲜、软嫩。其代表菜有"东安子鸡""冰糖湘莲""紫花脱袍""糖醋脆皮鱼"等菜式。

（二）洞庭湖畔

洞庭湖畔的风味菜肴善用炖、烧、腊等技法，以烹制河鲜和家畜家禽著称。其特点是芡大油重，咸辣香软，代表菜有"麻辣子鸡""剁椒鱼头""五元神仙鸡"等。

剁椒鱼头是湘菜中洞庭湖畔风味菜肴

（三）湘西风味

湘西风味的菜肴擅长烹制山珍野味、烟熏腊肉和腌肉，其口味侧重咸香酸辣，有浓郁的山乡特点。其代表菜有"炒腊野鸭条""腊味合蒸""湘西酸肉"等。

湘菜最突出的地方风味特色是辣味菜和熏、腊制品居多。因为湖南的气候温暖潮湿，所以人们喜爱食用可祛风、除湿的辣味食品。食品经熏、腊后容易保存且别具风味。

八、闽菜

闽菜又称福建菜。福建各地的自然条件不同，其饮食习俗也有很大差异。依据各自不同的风味特色，闽菜可分为福州菜、闽南菜、闽西菜等，特点如表3-7所示。

佛跳墙是闽菜中福州菜的代表名菜之一

表3-7　闽菜的特点一览表

地区	特点
福州菜	福州菜是闽菜的代表，在以福州市为中心的闽东、闽北地区比较流行。福州菜形成于南宋时期。当时中原士族南下，带来了中原及苏杭菜的技艺，又不断吸收北方菜、江西菜、徽菜、湘菜、粤菜等特点，使自身特色日臻完善。其特点是清淡、鲜美、爽口、偏甜、偏酸，特别讲究汤菜制作。其代表名菜有"佛跳墙""淡糟炒香螺片""鸡汤氽海蚌"等
闽南菜	闽南菜主要分布于晋江、泉州、厦门、漳州等闽南沿海地区，以烹饪海鲜见长。其选料严谨，讲究调味，操作仔细，炒、炸、熘、焖、蒸、煨、炖等技艺突出。其菜品具有鲜、浓、香、烂等特色。口味略带甜、酸、辣，善用沙茶、芥末作调味品。其名菜有"龙身凤尾虾""沙茶焖野鸡""沙茶炒牛肉""通心河鳗""芙蓉鲟鱼"等
闽西菜	闽西菜一般称客家菜，主要分布于闽西山区。其特点是有浓郁的南方山区色彩，用料多包括山区出产的笋、菇、芋、薯、鸡、鸭、猪、牛、羊和鹿、蛇、鱼、虾、龟、鳖等。刀工粗犷，调味品少，风味纯正，鲜美偏咸。一般菜肴都碗大量大，以显示客家人的热情好客。其代表菜有"麒麟脱胎""爆牛七品""太极芋泥"等

九、京菜

京菜又称京帮菜，它是以北方菜为基础，兼收各地风味后形成的。

京菜融合了北京本土菜、山东菜、官府菜等各种菜系的特色，具有独特的历史韵味。从烹调方法的角度来看，北京菜以油爆、盐爆、酱爆、汤爆、水爆、锅爆、糟熘、白扒、烤、涮等为主要手法，以咸、甜、酸、辣、糟香、酱香为主要口味。最主要的代表菜有北京烤鸭、烤肉、菜包鸡、涮羊肉、手抓羊肉、琥珀鸽蛋、油爆双脆、水爆肚仁、葱爆羊肉、三不粘、醋椒桂鱼、珍珠大乌参、糟熘鱼片等。

（一）山东菜对京菜系的影响

山东菜对京菜系的影响深远。山东风味的胶东派和济南派在京相互融合交流，形成了以爆、炒、炸、火靠、熘、蒸、烧等为主要技法，口味浓厚之中又见清鲜脆嫩的北京风味。

（二）清真菜在北京菜中占有重要的位置

清真菜以牛羊肉为主要原料。著名的"全羊席"用羊身上的各个部位，可烹制出百余种菜肴，是北京菜的重要代表。另外，"烤肉""涮羊肉""煨羊肉"历史悠久、风味独特，深受大众喜爱。

（三）宫廷菜在京菜中地位显著

宫廷菜选料珍贵、调味细腻，菜名富于诗情画意。现在的京菜多是明清宫廷中传出来的菜肴。著名菜品如抓炒鱼片、红娘自配、脯雪黄鱼等。

（四）谭家菜对京菜的影响

谭家菜是京菜中的代表，讲究原汁原味，咸甜适中，不惜用料，火候足到，如选料精细的"黄焖鱼翅"是谭家一等代表菜。

烤鸭是世界闻名的北京菜式

十、沪菜

沪菜即上海菜，是中国的主要地方风味菜之一。沪菜，也称本帮菜，是江南地区汉族传统饮食文化的一个重要流派。本帮菜以浓油赤酱、咸淡适中、保持原味、醇厚鲜美为特色。常用的烹调方法以红烧、煨、糖为主。之后为适应上海人喜食清淡爽口的口味，菜肴渐由原来的重油赤酱趋向淡雅爽口。本帮菜善于用糖，别具江南风味。

沪菜具有许多与众不同的特点，具体如下。

第一，讲究选料新鲜。沪菜多选四季时令蔬菜，鱼是以江浙两省产品为主，一年四季都有活鱼供客选择。

第二，菜肴品种多，四季有别。

第三，讲究烹调方法，并不断改进。沪菜原来以烧、蒸、煨、窝、炒并重，逐渐转为以烧、生煸、滑炒、蒸为主，其中以生护煸、滑炒为最多，特别善烹四季河鲜。

第四，口味也有了很大变化。原来沪菜以浓汤、浓汁厚味为主，后来逐步变为卤汁适中，既有清淡素雅，也有浓油赤酱，讲究鲜嫩、色泽，鲜咸适口。特别是夏秋季节的糟味菜肴，香味浓郁，颇有特色。

如今，沪菜具有选料新鲜、品质优良、刀工精细、制作考究、火候恰当、清淡素雅、咸鲜适中、口味多样、适应面广、风味独特等优点。

四喜烤麸是一道上海名菜，也是上海人年夜饭中的常见冷菜之一

第四节　酒水基础知识

一、酒

（一）中国白酒

中国传统十大名酒是贵州茅台酒、四川五粮液、山西汾酒、贵州董酒、四川剑南春、泸州大曲、江苏洋河大曲、安徽古井贡酒、山西金奖白兰地、山西竹叶青。现简单介绍其中六种，如表3-8所示。

表3-8　中国六大传统名酒及其特点一览表

类别	特点
茅台酒 （酱香型）	茅台酒产于贵州省仁怀县茅台镇，酿造原料是优质小麦和红高粱，用水取自高山深谷的深井水。因此，酒液纯净透明，酱香突出，酒体醇厚，幽雅细腻，饮后空杯留香，回味无穷
汾酒 （清香型）	汾酒产于山西汾阳县杏花村，以当地高粱为原料，取村中清澈纯净井水酿制而成。其酒液晶莹透明，清香味美，酒味甜醇，酒质纯净，酒力强健而无刺激性。适量饮用能促进血液循环，消除疲劳，使人心旷神怡

类别	特点
五粮液 （浓香型）	五粮液产于四川省宜宾市，以高粱、糯米、大米、玉米和小麦为原料，用取自岷江江心的纯净江水酿成。其酒液清澈透明，柔和甘美，沾唇无强烈的刺激性，落喉净爽，各味皆谐，具有独特的风格
剑南春 （浓香型）	剑南春产于四川省绵竹市，以高粱、大米、糯米、玉米、小麦为原料酿成，品质优良
古井贡酒 （浓香型）	古井贡酒产于安徽省亳县，以本地高粱为原料，用大米、小麦、豌豆制曲，加上古井佳水，酿制的酒液清澈透明如水晶、香醇如幽兰，倒入杯中黏稠挂杯，入口酒味醇和，浓郁甘甜，余香悠长。适量饮用有健胃、消除疲劳、活血之功效
洋河大曲 （浓香型）	洋河大曲产于江苏省泗阳县洋河镇，以精选的江苏优质高粱为原料，以小麦、大麦、豌豆为糖化发酵剂，采用当地著名的"美人泉"之清澈泉水酿成。酒液清澈、酒质醇厚、余味爽净

（二）国外酒类

著名的产酒国和地区有法国、意大利、德国、奥地利、希腊、西班牙、马德拉岛、葡萄牙、匈牙利、智利、美国、日本、澳大利亚等。下面介绍比较有名的部分洋酒，如表3-9所示。

表3-9　洋酒的种类及其特点一览表

类别	特点
白兰地 （Brandy）	白兰地是用葡萄或水果发酵后蒸馏而成的一种烈酒，蒸好的酒需放在橡木桶里经过相当时间的贮藏。白兰地以法国康涅克地区产的为佳 白兰地较为著名的牌子有人头马、马爹利、轩尼诗、爱之喜、长颈FOV、御鹿、拿破仑、百事吉等
威士忌 （Whisky）	威士忌多以大麦、玉米为原料，用麦芽为糖化剂，经糖化、发酵、蒸馏而成，可与汽水、柠檬配饮。常见的威士忌有皇家芝华士、海格、波威尔、吐拉摩、四玫瑰、美国黑威士忌、王冠
伏特加酒 （Vodka）	伏特加酒通常用马铃薯或多种谷物作原料，经发酵、蒸馏过滤而成，酒度高达90°以上，是一种烈性酒，无色无味很提神。常见的伏特加酒有兰出、波尔斯卡亚、哥萨克、斯米诺夫

类别	特点
琴酒 （Gin）	琴酒又称金酒、毡酒、松子酒，用75%的玉米、15%的大麦芽、10%的其他谷物经过搅拌、加热、发酵，再用连续蒸馏器来蒸馏。蒸馏出的酒含180～188个酒精纯度单位，再加入蒸馏水，降低到120个酒精纯度单位，然后在琴酒蒸馏器中加上香料再蒸（这些香料有胡荽、苦杏仁、小豆蔻、杜皮、白芷、柠檬和橙皮及主要的杜松莓）。常见的琴酒有波尔斯（bols）、波克马（bokma）、博士（bootm's）、戈登斯（gordo's）、比费特（beefeater）、哥顿（Gordom's）
兰姆酒 （Rum）	兰姆酒用甘蔗酿制而成，常见的兰姆酒如百加地（bacardi）、船长酿（captain's reserve）
甜酒 （Ligueurs）	甜酒又称利口酒，一般叫作"力乔"。其制法是在白兰地、威士忌、兰姆、琴酒、伏特加、葡萄酒中加入一定的"加味材料"，如果皮、砂糖、香料等，经蒸馏、浸泡、熬煮而成。常见的甜酒有方利咖啡酒（Tia Mafia）、克罗克咖啡酒（Kahhla）、金万列香橙白兰地（Grand·Mamier）、绿薄荷酒（peppermint Green）、鲜橙甜酒（Orange Curaeao）
烈口（加香料甜酒）	烈口和加香料是同义的。这是一种用蒸馏法重新提取的中性烈酒和水果、花卉、香草、种子、植物根、植物或其他甜的和有颜色的汁混合制成的具有高浓度的甜香味的酒。常见的烈口有艾酒（Absinthe）、紫罗兰甜酒（Creme de riolette）、河曼、毕康（Amer、Picon）、柑香酒（Curacao）、樱桃酒、杏子酒、香蕉酒、可可香草甜酒等
香槟酒	香槟酒是一种含气体的葡萄酒。味甜，不含大量酒精，很受大众喜爱。常见的香槟酒有宝林歇（bollinger）、莫埃武当（moet chandon）
日本米酒	日本米酒的制法近似于中国的黄酒，一般是经过洗料、蒸煮、发酵、加饭、过滤、陈酿后提取而成。常见的日本米酒有呋醁、屠苏、清酒

（三）啤酒

1. 国内名牌啤酒

我国的名牌啤酒有很多，如青岛啤酒、雪花啤酒、燕京啤酒、百威啤酒、珠江啤酒、哈尔滨啤酒等，现介绍以下几种品牌。

（1）青岛啤酒

青岛啤酒的生产始于1903年，产于山东省青岛市，属淡色啤酒，酒度为3.5°，原麦汁浓度为12°。这种啤酒选用较好的大麦为原料，先制成麦芽，再经糖化，制造时添加该厂自己生产的优质酒花，经煮沸、冷却发酵、贮藏等工序制成。产品的特点是色泽淡黄，清澈透明，泡沫洁白，细腻而持久，具有显著的酒花麦芽清香及酒花特有的苦味，饮时爽口。

青岛啤酒

（2）雪花啤酒

雪花啤酒的生产始于1993年，总部位于北京。雪花啤酒的泡沫洁白如雪，口味持久溢香似花，酒液淡黄，明亮有光；有酒花香气和麦芽清香，香气纯正；注入杯内，因二氧化碳气足，细腻洁白如雪花的泡沫立即浮起，可持久长达5分钟，犹如一层积雪覆盖于酒液之上。

2. 国外名牌啤酒

国外较著名的啤酒品牌有慕尼黑啤酒、多特蒙德啤酒、比尔森啤酒、司陶特啤酒等。

二、茶

中国是茶的故乡，拥有种类繁多的茶叶。现介绍以下名茶。

（一）乌龙茶

乌龙茶以福建产的最著名：其中"岩茶"是珍品，以武夷山产的最好；"铁观音"为优良品种，以安溪县产的最佳；"水仙"是上品，以崇安、建瓯产的最有名。乌龙茶的最大特点是香气馥郁、回味悠长、耐冲泡，有减肥美容之妙用。

（二）碧螺春茶

碧螺春茶以江苏吴县太湖之滨的东西洞庭生产的最佳，其主要特点是条索纤细、卷曲成螺、茸毛披覆、银绿隐翠、泡水碧清，伸展的叶子如雀舌，味醇气芬芳。

碧螺春茶以江苏吴县太湖之滨洞庭产的最佳

（三）龙井茶

龙井茶产于杭州郊区和西湖附近，有狮峰龙井、梅坞龙井、西湖龙井三个品级，以狮峰龙井为最佳。其主要特点是色绿、香郁、味甘醇、形美、水色清亮。

（四）普洱茶

普洱茶主要产于云南省勐海县，其主要特点是条索肥壮、茶嫩多白毫、色泽青绿、滋味醇厚、香气独特、耐冲泡，具有明显的药疗效果，可助消化、化痰去湿、暖胃生津。

（五）云雾茶

云雾茶是江西庐山的特产，主要特点是味醇、色秀、香馨、液清。

（六）君山银针茶

君山银针茶以湖南岳阳君山产的最著名，其主要特点是芽头苗壮、紧实而挺立，茶芽的长短大小均匀，白毫显露，形如银针，内呈金黄色。冲泡后香气清鲜、汤色橙黄、叶底明亮、茶叶甘醇、清香可口。

（七）祁红茶

祁红茶以安徽祁门一带产的最有名，是世界名茶。其特点是外形紧细、色泽油润、香气浓烈、味厚甜和、水色红亮。

（八）毛尖茶

毛尖茶是河南省的著名特产，尤以信阳地区产的为最佳，故又称信阳毛尖。其主要特点是外形紧细、峰苗挺秀、芽叶鲜嫩、水色清绿、滋味醇厚、香气清远。

（九）黄山毛峰

黄山毛峰以安徽歙县黄山产的为珍品，其主要特点是芽叶肥壮、身披银毫、油润光滑、色似象牙、茶汤清澈、醇香鲜爽、回味甘甜。

（十）滇红茶

滇红茶以云南西双版纳产的最好，在全世界享有盛名。其特点是条索肥壮、毫尖金黄色、滋味浓厚、水色鲜艳带金黄色。

滇红茶以云南西双版纳产的最佳

（十一）茉莉花茶

茉莉花茶以福建省福州市产的最佳，其主要特点是外形美、汤色清、香味浓。

（十二）猴魁茶

猴魁茶产于安徽黄山山脉的猴坑，主要特点是白毫多而不露、茶色苍绿、香气高爽、味浓而带甜，属茶中珍品。

三、咖啡

（一）法式咖啡

法式咖啡的煮法主要包括以下几个步骤。

（1）将咖啡放入壶内，注入水，咖啡与水的比例是1∶30，上火煮沸后再用微火煮10分钟，过滤后倒入另一壶内。

（2）上台时将咖啡倒入碗内，另将烧开的鲜牛奶和罐头牛奶装入奶罐内搅匀单独端上。

（3）煮咖啡的壶一定要刷干净，切勿带油。咖啡必须煮10分钟才浓、香，煮的时间太长则无香味，且色泽黑灰。

（二）皇家咖啡

煮皇家咖啡时，服务人员首先应将咖啡杯加热，倒入冲好的咖啡；然后将方糖放在皇家咖啡的专用银匙上，再加白兰地，在方糖上点火，燃烧1分钟左右；火焰熄灭后趁热将有酒味的糖稀调入咖啡，再在表面上装饰一点奶油即可。

（三）维也纳咖啡

煮维也纳咖啡，服务人员首先应将咖啡杯加热，加两茶匙砂糖；然后将冲好的咖啡加入杯内至七成满，挤入打过的奶油，浮在咖啡上，在奶油上淋少许巧克力膏；最后在巧克力膏上点缀五彩巧克力糖。

（四）爱尔兰咖啡

在爱尔兰咖啡杯中加入30毫升爱尔兰威士忌及两茶匙砂糖，置于酒精炉上加热并不断转动杯身以使玻璃杯受热均匀，等砂糖完全溶化后注入热咖啡，再加上打泡奶油。爱尔兰咖啡是世界著名的咖啡混合饮品。

（五）卡布其诺

用大咖啡杯装入意大利特浓咖啡，加上一层厚厚的起泡牛奶，然后撒上巧克力粉或肉桂粉，就制成了卡布奇诺。

爱尔兰咖啡是世界著名的咖啡混合饮品

（六）土耳其咖啡

将150克水注入铁壶烧开，加入5克糖、2克咖啡，用茶勺搅匀，等咖啡刚往上冒时即倒入咖啡碗内，上台时保持咖啡原味。

（七）清咖啡

煮沸方法与法式咖啡相同，只是不加其他配料，每碗放少许糖。

（八）鲜牛奶咖啡

用玻璃杯装半杯咖啡（约150克），再将150克热牛奶兑在一起即可。上台时放6克糖。

（九）香桃咖啡

其煮法与法式咖啡相同，每碗只放两片香桃片，糖少许。

（十）冷咖啡

将100克咖啡放入壶内，兑3 000克水烧开，用中火煮约10分钟后拿起，将咖啡过滤到瓷壶内，放300克糖搅化，冷却后放入冰箱镇凉。

上桌时将咖啡分别倒入5个玻璃杯内，每杯兑入50克鲜牛奶，放上1枚樱桃即可。

冰激凌咖啡是深受人们喜爱的饮品之一

（十一）冰激凌咖啡

将200克冷咖啡倒入玻璃杯内，放入50克冰激凌球，再放入5克打奶油，摆上1枚樱桃即可。

四、其他饮品

（一）可可

可可树生长在热带，属梧桐科常绿乔木，终年持续开花结果，果实呈长卵圆形，带红色、黄色或褐色，种子扁平，果壳厚而硬。将种子焙炒，粉碎后即为可可粉，是制作巧克力糖的原料，可作饮料，也可供药用，有强心、利尿的功效。

（二）牛奶

牛奶含有丰富的供给人体热量的蛋白质、脂肪、乳糖和人体所需的最主要的矿物质如钙、磷以及维生素等，其营养丰富，利于消化吸收。

（三）果汁

果汁的种类很多，一般分为鲜榨、罐装和浓缩三种。果汁含有丰富的矿物质、维生素、糖及有机酸等，它既可单饮，又可调制鸡尾酒。常见的果汁有橙汁、柠檬汁、菠萝汁、西柚汁、葡萄汁等。果汁的最佳饮用温度为10℃。服务人员应先将果汁放入冰箱冷藏，斟倒时应为3/4杯。

鲜榨果汁的保鲜时间为24小时，罐装果汁开启后可以存放3～5天，稀释后的浓缩果汁只能存放2天。因此，服务人员准备果汁时不要过量，以免造成浪费。

（四）矿泉水

矿泉水含有多种矿物质，它具有水质好、无杂质污染、营养丰富的特点。其味有微咸和微甜两类，饮之清凉爽口，有助消化。

（五）汽水

汽水是一种含有大量二氧化碳气体的祛热解暑饮料，用一定比例的冷开水、柠檬酸、药用小苏打、白糖、柠檬香精、食用色素（柠檬黄）等原料配制而成。因配有小苏打的水发生化学反应后会产生大量的二氧化碳气体，所以汽水中有气泡冲出。

人饮用汽水后，二氧化碳会很快从体内排出，这样就带走了人体内的热量，使人感到清凉。另外，二氧化碳对胃壁有轻微的刺激作用，能加速胃液分泌，帮助消化。因此，它是一种很好的清凉饮料。

第五节　餐饮安全卫生基础知识

一、餐饮业食品安全基础知识

《中华人民共和国食品安全法》（以下简称《食品安全法》）规定，在中华人民共和国境内从事餐饮服务的企业和人员应当遵守本法。食品生产经营者应当依照法律、法规和食品安全标准从事生产经营活动，保证食品安全，诚信自律，对社会和公众负责，接受社会监督，承担社会责任。

（一）食品安全标准

食品安全标准是各类食品中有害物质的限量规定、生产加工食品的卫生操作规范等以保证食品安全为目的的技术法规的总称。《食品安全法》规定，食品安全标准应当包括下列内容：

（1）食品、食品添加剂、食品相关产品中的致病性微生物，农药残留、兽药残留、生物毒素、重金属等污染物质以及其他危害人体健康物质的限量规定；

（2）食品添加剂的品种、使用范围、用量；

（3）专供婴幼儿和其他特定人群的主辅食品的营养成分要求；

（4）对与卫生、营养等食品安全要求有关的标签、标志、说明书的要求；

（5）食品生产经营过程的卫生要求；

（6）与食品安全有关的质量要求；

（7）与食品安全有关的食品检验方法与规程；

（8）其他需要制定为食品安全标准的内容。

（二）食品生产经营

《食品安全法》规定，食品生产经营应当符合食品安全标准，并符合下列要求：

（1）具有与生产经营的食品品种、数量相适应的食品原料处理和食品加工、包装、贮存等场所，保持该场所环境整洁，并与有毒、有害场所以及其他污染源保持规定的距离；

（2）具有与生产经营的食品品种、数量相适应的生产经营设备或设施，有相应的消毒、更衣、盥洗、采光、照明、通风、防腐、防尘、防蝇、防鼠、防虫、洗涤以及处理废水、存放垃圾和废弃物的设备或设施；

（3）有专职或兼职的食品安全专业技术人员、食品安全管理人员和保证食品安全的规章制度；

（4）具有合理的设备布局和工艺流程，防止待加工食品与直接入口食品、原料与成品交叉污染，避免食品接触有毒物、不洁物；

（5）餐具、饮具和盛放直接入口食品的容器，使用前应当洗净、消毒，炊具、用具用后应当洗净，保持清洁；

（6）贮存、运输和装卸食品的容器、工具和设备应当安全、无害，保持清洁，防止食品污染，并符合保证食品安全所需的温度、湿度等特殊要求，不得将食品与有毒、有害物品一同贮存、运输；

（7）直接入口的食品应当使用无毒、清洁的包装材料、餐具、饮具和容器；

（8）食品生产经营人员应当保持个人卫生，生产经营食品时应当将手洗净，穿戴清洁的工作衣、帽等；销售无包装的直接入口食品时，应当使用无毒、清洁的容器、售货工具和设备；

（9）用水应当符合国家规定的生活饮用水卫生标准；

（10）使用的洗涤剂、消毒剂应当对人体安全、无害；

（11）法律、法规规定的其他要求。非食品生产经营者从事食品贮存、运输和装卸的，应当符合前款第六项的规定。

二、餐饮从业人员卫生基础知识

餐厅服务的卫生规范与服务员个人卫生情况有着密切的关系。良好的个人卫生习惯，不仅可以保证服务员高效地工作，而且可以防止疾病的传播，避免食品原料被污染，防止食物中毒事件的发生。

（一）手部清洁要求

餐饮从业人员的手部清洁要求如下。

（1）工作前必须洗手消毒。手接触不洁净的物品后应及时清洗，清洗后不得用抹布尤其是不干净的抹布擦。

（2）上洗手间后应及时洗手。应在洗手间内洗手，不得在操作间内用水龙头冲洗，以免水池或其他食品被污染。

（3）处理垃圾后应及时清洗消毒。

（二）个人卫生习惯

餐饮从业人员应具有如下个人卫生习惯。

（1）患有传染性肝炎、腹泻、呕吐、发热、咽喉疼痛、皮疹、耳炎、眼炎、伤寒、活动性肺结核等疾病时，应及时到医院就诊，不能继续留在岗位上。

（2）不得使用个人餐具（调羹、筷子等）或手直接接触餐厅内待售的食物或其他制成品。

（3）不得使用餐厅内的用具洗澡、洗脚、洗脸、洗衣服等。

（4）养成常洗澡的好习惯，保持体味清新。

（5）不得对着食品尤其是熟食及其他制成品咳嗽或打喷嚏等。

（6）一线人员在操作时不能戴戒指、手镯、手表等。

（7）手指、手掌等部位有伤口时，应包扎好，并戴上橡胶手套，以防污染食品或感染，视情况可以请假休息。

（8）工作期间不得吸烟、吃东西、随地吐痰等，更不能带外部人员来餐厅内吸烟、吃零食、随地吐痰、打牌等。厨师在品尝菜的味道时，若用炒勺将菜盛到小碗中品尝，剩余的菜不得倒进锅中。

（9）服务人员必须经卫生防疫部门体检合格并取得健康证明以及接受卫生知识培训后才能上岗，不得无证上岗或先上岗后取证。

三、餐饮业消防安全知识

消防工作应以预防为主，防消结合。

（一）消防安全责任

餐厅员工的消防安全责任有如下十条。

（1）餐厅员工每天上、下班时必须认真检查本岗位的消防安全情况，及时发现并消除一切消防安全隐患。对于处理不了的隐患，餐厅员工要立即上报值班领导和餐厅安全部门。

（2）餐厅员工要熟悉就餐客人的情况，在工作中要做到勤看、勤听、勤检查，注意饮酒过量和吸烟的客人，如发现异常情况应立即汇报。

（3）餐厅员工必须熟悉宾馆的地形、自己的岗位环境、本岗位内灭火器材的摆放位置、安全通道的走向、防火报警装置的位置，并懂得使用灭火器、消火栓等各种消防器材；必须掌握三会——"会检查消除火灾隐患、会扑救初起火灾、会组织人员疏散"。

（4）餐厅员工在下班前，应检查有关电器、灯具、空调、风扇等是否已关闭，工作现场有无火灾隐患，检查合格后方可下班。餐厅值班领导要注意进行下班前的复查工作。

（5）餐厅员工必须掌握操作设备及物品的情况，熟悉使用方法及操作规程，防止因操作不当而引起火灾。

（6）餐厅服务员在工作中应注意发现和清理客人遗留的烟蒂，以及烟花爆竹、易燃、易爆等危险物品。在打扫餐厅卫生时，服务员要把烟灰缸内没有熄灭的烟蒂用水浸湿后，再倒入垃圾桶内，不能将未熄灭的烟蒂直接倒入垃圾桶内；在整理包间和大厅时要仔细检查房间的每个位置，检查房间内有无遗留火种和消防隐患。

（7）餐厅厨师下班时必须关闭燃气、油灶、火炉，严格执行相关燃气、灶具等的安全操作规程。下班时，当班厨师长必须复查一次。

（8）餐厅服务员必须掌握使用酒精块的安全程序，并在指定地点存放酒精块。

（9）餐厅员工应该做好消防安全疏散工作。疏散时，员工要认真检查每个地点，确认房内无人后将房门关好，用粉笔在房门外画上标记。只有在确认该楼层的客人全部疏散后，餐厅员工才能撤离。

（10）餐厅员工必须积极参加上级部门和部门内部举行的消防安全培训，不得无故不到或不参加。

（二）发生火灾处理办法

1. 报警

发生火灾后，餐厅员工要及时拨打"119"报警电话，报警时要沉着冷静，讲清着火单位（部门）、着火地点、起火部位、燃烧情况、燃烧物质与火热蔓延趋势，如有化学危险物品要讲明，同时讲清报警人姓名、单位（部门）、电话号码，并派人到路口等候，待消防车到达后引领消防车到火场灭火。

2. 灭火

火灾事故发生后，餐厅专职消防员和有关人员应迅速赶到现场，了解起火部位、存放的物资性质及电器、线路、管道阀门的走向和开关情况。

（1）在扑救过程中，餐厅专职消防员和员工应自觉服从现场最高负责人的指挥，沉着冷静地使用灭火器材进行扑救，做到"先控制、后灭火"。

（2）对于一些难以搬运的物资、设备及易燃易爆物品要用水冷却，防止受热爆炸。

（3）在扑救过程中，餐厅员工应戴上防毒面具或口罩，或用湿毛巾捂鼻，防止中毒。

3. 疏散

（1）发生火灾后，餐厅员工应先将孕妇、老弱病残的客人疏散到安全地带。

（2）如果走廊充满烟雾，要注意寻找出口指示灯，朝指示灯所指的方向疏散，并用湿毛巾捂住口鼻。疏散时，应弯腰或伏地前进。

（3）疏散时，切勿使用电梯，上下楼层均要疏散。

（4）疏散时，要分散人流，避免大量人员涌向一个出口，造成拥挤踩踏事故。

（5）对受伤人员要及时进行紧急处理，迅速将其转移到安全区域。

（6）在火场中，疏散时要分清主次、缓急，方法要适当，一般情况下应先疏散危险的、贵重的、处于下风方向的物品。

4. 逃生

（1）保持冷静，明确逃生方向及安全门位置。

（2）出房门前先触摸门板及把手，感觉烫时切勿开门。

（3）在浓烟中应采用弯腰捂鼻姿势沿墙角前进。

（4）在浓烟中，不要乘坐电梯，应走楼梯下楼。

餐厅服务流程细则

导语：

　　餐厅服务人员必须按照正确的操作程序为客人提供服务，从而让客人感到满意，并赢得客人的信赖。

第四章

第一节 预订服务流程细则

一、电话预订服务

（一）电话预订服务流程

电话预订的服务流程如图4-1所示。

①接听电话　②了解信息　③推介　④登记　⑤复述
⑦挂电话　⑥致谢

图4-1　电话预订服务流程

（二）电话预订服务细则

电话预订的服务细则如表4-1所示。

表4-1 电话预订服务细则

操作程序	工作标准
① 接听电话	（1）在电话铃声响3声或10秒以内接听电话 （2）左手持电话，将话筒置于唇下5厘米处 （3）问候客人并报餐厅名称，如果铃响超过3声才接听电话就必须向客人道歉 （4）遇节假日，需要及时更改问候语
② 了解信息	仔细聆听客人表述，了解客人的身份、用餐时间、宴请对象、人数、桌数及其他要求
③ 推介	（1）快速查看预订情况，有针对性地向客人推荐，并征求客人意见 （2）在客人预订某一包厢或座位后，根据实际订餐情况确认或推荐其他包厢
④ 登记	（1）询问客人的全名、公司名及联系电话，并记录在"预订登记本"和电脑中 （2）询问被宴请客人中有无VIP，如有则需通知楼面经理妥善安排
⑤ 复述	重复预订细节，并告知客人预订接待人员的姓氏
⑥ 致谢	对客人的来电表示感谢
⑦ 挂电话	待客人挂断电话后，方可轻声挂断电话

二、来客预订服务

（一）来客预订服务流程

来客预订的服务流程如图4-2所示。

图4-2 来客预订服务流程

（二）来客预订服务细则

来客预订的服务细则如表4-2所示。

表4-2　来客预订服务细则

操作程序	工作标准
① 问候	在距离客人1.5米处热情地问候客人，询问客人是否订餐
② 茶水服务	为客人提供茶水服务，并及时续杯
③ 了解信息	（1）询问并记录客人的姓名、用餐时间及特殊要求，并在交谈中使用其姓氏称呼客人，如"王先生""李女士" （2）查看电脑中的预订情况。如果可提供的厅房已被预留，应立即与预留人取得联系，确认其是否需要继续保留 （3）主动向客人提供可预订厅房的图片及资料
④ 介绍	（1）主动向客人介绍菜系、菜肴特色、价格、服务设施、场地环境及收费标准 （2）仔细聆听客人的提问，并一一解答 （3）陪同客人进行实地考察，向客人介绍场地特点，并提供菜单供客人参考
⑤ 受理	（1）若客人暂未预订，应感谢客人的光临，并将客人送至电梯口 （2）若客人未确定但需预留，应及时跟踪服务 （3）若客人确定预订，须向客人了解详细的预订情况
⑥ 复述	复述预订信息，并请客人确认
⑦ 签订协议	根据实际情况与客人签订预订协议，请其在仔细检查预订协议内容后签名确认，并引领客人到收银处交付预订金
⑧ 致谢	感谢客人的预订，并送客人离开大堂
⑨ 录入	将预订信息和预付金单据号码录入电脑
⑩ 传达信息	（1）若是当日当餐预订，应在两分钟内通知相关餐厅及厨房做好接待准备 （2）如非当餐预订，应通过"预订单"通知相应的餐厅、厨房管理人员做好接待准备工作

接受电话预订

录入预订信息

第二节　餐前准备服务流程细则

一、中餐厅的餐前准备工作

（一）中餐厅的餐前准备工作流程

中餐厅的餐前准备工作流程如图4-3所示。

① 接通电源 → ② 清扫 → ③ 清洗 → ④ 整理服务台

图4-3　中餐厅的餐前准备工作流程

（二）中餐厅的餐前准备工作细则

中餐厅的餐前准备工作细则如表4-3所示。

餐前准备（卫生、物
品和仪容仪表）

>> 91

表4-3　中餐厅的餐前准备工作细则

操作程序	工作标准
① 接通电源	将灯具和其他常用的电器设备的电源接通。将通风系统调到适当位置
② 清扫	清扫墙壁、窗帘和室内用具，擦亮窗户和玻璃杯架，清扫地板及吸尘等
③ 清洗	清洗杯、盘等餐具以及其他服务用具，如服务车、容器和调味品盒等
④ 整理服务台	（1）服务台应备有盘、碟、杯、烟灰缸、花瓶、餐巾、桌布、毛巾、托盘、冰水、饮料、调味品、纸餐具、小型杯垫、吸管、打火机、塑料餐具等 （2）检查保温台，保证其正常工作 （3）准备所需食品项目，如冰桶要加满冰块，调味瓶也要加满

接通灯具和其他常用设备的电源

菜架要摆放整齐，保持干净

二、火锅餐前准备

（一）火锅餐前准备的工作流程

火锅餐前准备的工作流程如图4-4所示。

| ①
准备餐前服务用品 | ②
检查工作 | ③
其他事项 |

图4-4　火锅餐前准备工作流程

（二）火锅餐前准备工作细则

火锅餐前准备的工作细则如表4-4所示。

表4-4　火锅餐前准备工作细则

操作程序	工作标准
① 准备餐前服务用品	准备好调味品（盐、味精、醋、蒜泥），开水，茶水，加菜单，笔，打火机、起瓶器，牙签盅（牙签），汤漏勺，烟灰缸等
② 检查工作	检查燃气炉，确保其摆放在规定桌子的中间，开关完好，能正常使用，桌面上餐具干净、无破损
③ 其他事项	（1）值班人员把毛巾车的电源打开，等热气冒出后及时切断电源 （2）菜架应摆放整齐，随时保持菜架干净

三、摆台准备工作

（一）摆台准备工作流程

摆台准备工作的流程如图4-5所示。

图4-5　摆台准备工作流程

（二）摆台准备工作细则

摆台准备的工作细则如表4-5所示。

表4-5　摆台准备工作细则

操作程序	工作标准
① 餐盘的擦拭 及端运	（1）先将餐巾的一面贴着盘子边缘，用手捏住餐巾和盘子，擦拭每个盘子的正面和背面，注意要隔着餐巾抓紧盘子 （2）垫着餐巾将擦拭完的盘子摞在一起，用专用布巾把盘子包好后端到餐厅以备摆台用

操作程序	工作标准
② 筷子的擦拭 与装放	（1）垫着餐巾用左手攥住筷子尾，用右手仔细擦拭筷子头，擦好后将筷子轻轻放入筷套中 （2）装筷子时，注意不要用嘴向筷套吹气，同时双手不要触及筷子头
③ 玻璃酒具的 擦拭与托运	（1）左手拿着餐巾，抓住玻璃酒杯的底座部分，右手仔细擦拭玻璃酒杯的里里外外，注意不要用力过猛，以免弄碎酒具 （2）擦拭完毕，要对着光线检查一下酒具是否有污渍 （3）用托盘端运时，注意不要用手直接抓杯口
④ 餐具的托运 与码放	用托盘将清理好的餐具送到餐厅，并码放好
⑤ 个人整理	在摆台操作前要先清洁手，可用消毒毛巾或酒精棉球擦拭双手

准备好叉、勺等分菜用具

摆放金属餐具和面色盘

四、零点摆台

（一）零点摆台工作流程

零点摆台工作流程如图4-6所示。

图4-6　零点摆台工作流程

（二）零点摆台细则

零点摆台细则如表4-6所示。

折杯花分步演示

表4-6　零点摆台细则

操作程序	工作标准
① 铺台布	（1）认真细致地检查台布，如有污垢、破损及皱褶等要立即更换 （2）手持台布站立于餐桌一侧（通常是副主人处），距桌边约40厘米，将台布抖开，覆盖在桌面上 （3）抖台布时力度及幅度都不可太大，动作要娴熟、干净利落、一次到位，做到台布平整无皱褶 （4）铺好台布后再次检查台布质量及清洁程度
② 铺台裙	先将台布铺好，再沿顺时针方向用针、胶带固定台布，台布的折摺要均匀平整，针尖要向内，防止对客人造成伤害
③ 铺转盘	先将转盘和玻璃台面放在转台上，轻轻转动，检查其是否灵活
④ 摆餐碟	将餐碟摆在每位客人所对台面的正中，距桌边约2厘米（以大拇指指尖第一关节的长度为准）
⑤ 摆汤碗	将汤碗摆在餐碟左侧稍上一些，与餐碟间距1厘米
⑥ 摆筷架、筷子	将筷架摆在餐碟右侧，与汤碗成一条直线，与餐碟间距1厘米，筷子尾部距桌边约1厘米

操作程序	工作标准
⑦ 摆汤勺	将汤勺摆在汤碗内，使勺把朝右
⑧ 摆水杯	将水杯摆在餐碟上方，它们的间距约为1厘米
⑨ 摆餐巾	将杯花插入杯中，将盘花置于餐碟上
⑩ 摆烟灰缸、牙签盅、打火机及花瓶	将烟灰缸、牙签盅、调料架、打火机及花瓶摆在台面的固定位置上，多数餐厅都摆在台布中线附近
⑪ 摆公用筷架	在8人以上的台面应摆放公用筷架，供主人为客人布菜和其他人取菜时用。将公筷、公勺放在公用筷架上，将筷架摆在个人用餐具的上方或转台上

五、中餐宴会餐台布置

（一）中餐宴会餐台布置流程

中餐宴会餐台布置流程如图4-7所示。

① 整理餐台	② 铺台布	③ 放转盘	④ 餐碟定位	⑤ 摆餐具

图4-7 中餐宴会餐台布置流程

（二）中餐宴会餐台布置细则

中餐宴会餐台布置细则如表4-7所示。

表4-7 中餐宴会餐台布置细则

摆台

操作程序	工作标准
① 整理餐台	整理桌椅，保持桌腿平稳，椅子完好，做到"三三两两"摆放，也就是正副主人一侧放三，另一侧放两，椅背保持在一条直线上

操作程序	工作标准
② 铺台布	按规范操作，要求干净利落、一次到位。铺好的台布要求中缝突面朝上。十字折线居中，四周均匀
③ 放转盘	居中轻放转盘
④ 餐碟定位	从主人位开始，顺时针方向放置餐碟，要求轻拿轻放。碟边与桌边相距1.5厘米，餐碟之间距离均等
⑤ 摆餐具	将餐具准确摆放在餐桌上

将餐具准确摆放在餐桌上

六、西餐摆台

（一）西餐摆台流程

西餐摆台流程如图4-8所示。

① 摆放餐椅 → ② 铺台布 → ③ 装饰盘定位 → ④ 摆放金属餐具和面包盘

⑦ 摆放公共用具 ← ⑥ 餐巾折花 ← ⑤ 摆放玻璃杯

图4-8　西餐摆台流程

（二）西餐摆台细则

西餐摆台细则如表4-8所示。

表4-8　西餐摆台细则

操作程序	工作标准
① 摆放餐椅	餐台餐椅的摆放应整齐一致
② 铺台布	服务员站立于餐台边，将台布横向打开，双手捏住台布一侧，将台布从餐台另一侧向身体侧慢慢拉到位
③ 装饰盘定位	摆放均匀，装饰盘边离桌边2厘米
④ 摆放金属餐具和面包盘	（1）左手托盘，右手操作，从装饰盘的右侧开始 （2）先放餐刀和汤匙，在上端摆放甜品叉和甜品勺，左侧摆放餐叉、面包盘和黄油刀子 （3）餐刀离装饰盘1厘米，刀口朝左，刀柄离桌边2厘米，汤勺与餐刀平行 （4）甜品叉与甜品勺平行，甜品叉的叉头朝右，甜品勺的勺头朝左 （5）餐叉离桌2厘米 （6）面包盘的盘心与装饰盘的盘心在同一条横线上 （7）黄油刀子在面包盘的右侧
⑤ 摆放玻璃杯	在餐刀的刀尖延长线上1厘米处摆放冰水杯。在冰水杯的右上角1厘米处摆放红葡萄酒杯，在其右下角1厘米处摆放白葡萄酒杯，三杯的杯身相距1厘米
⑥ 餐巾折花	以简洁的盘花为主，达到整齐划一的效果
⑦ 摆放公共用具	摆放好胡椒盅、盐盅、糖盅、淡奶壶、烟灰缸

西餐摆台

折盘花分步演示

第三节　餐前服务与点菜服务流程细则

一、迎宾领位服务

（一）迎宾领位服务流程

迎宾领位服务流程如图4-9所示。

图4-9　迎宾领位服务流程

（二）迎宾领位服务细则

迎宾领位服务细则如表4-9所示。

迎宾引客入座、放衣服　　　　　　引领有预订客人进入包间

表4-9　迎宾领位服务细则

操作程序	工作标准
① 问候客人	迎宾员领位时应该面带微笑，主动打招呼："您好，欢迎光临！"对熟悉的客人用姓氏招呼，如"王先生""李女士"

操作程序	工作标准
② 询问是否有预订	（1）迎宾员问清客人人数、是否有预订，确认预订人的姓名或电话号码，若没有预订则需根据客人的人数合理安排座位 （2）若餐厅客满，迎宾员应有礼貌地告诉客人需要等待的时间；若客人不愿意等候，应为客人不能在本餐厅用餐表示歉意，欢迎其下次光临；若客人愿意稍候，应引领客人至候餐处或休闲区，并为其提供茶水服务 （3）协助客人在衣帽间存放衣服，并提示客人随身携带贵重物品，存好衣服后将取衣牌交给客人，提示其凭牌取回衣服 （4）询问客人是否吸烟，如客人不吸烟，可请客人到非吸烟区就座
③ 引领客人入座	（1）迎宾员应走在客人前方，按照客人的步伐快慢行走，如路线较长或客人较多时应适时回头，向客人示意，以免走散 （2）将客人引到桌边，征询客人（未预订客人）对桌子及方位的意见，待客人同意后再请客人入座 （3）将座椅拉开，当客人坐下时，用膝盖顶一下椅背，使客人保持与桌子的合适距离 （4）招呼服务员接待客人，并将就餐人数、主人姓名及房间号等资料告知服务员，以便服务员开展下一步工作
④ 回位	与服务员交接完毕后，回到餐厅正门一侧，继续做好迎宾准备工作

二、茶水服务

（一）茶水服务流程

茶水服务流程如图4-10所示。

①准备工作　②点茶服务　③斟茶　④加水

图4-10　茶水服务流程

（二）茶水服务细则

茶水服务细则如表4-10所示。

表4-10　茶水服务细则

操作程序	工作标准
① 准备工作	（1）开餐前按标准备好各种茶叶 （2）准备好干净、无破损的茶壶，并保证数量充足 （3）往保温壶内注满开水
② 点茶服务	（1）熟练掌握各种茶水知识，向客人介绍本餐厅提供的各种茶水及其特点 （2）当客人接受推荐时，为客人点单 （3）当客人确定某种茶后，让负责茶叶的人尽快取茶叶 （4）为客人冲茶
③ 斟茶	（1）茶泡好后，要为客人斟茶。斟茶时，要注意先宾后主、女士优先 （2）斟茶时要一手端壶把，一手拿壶盖，茶水以倒入茶杯4/5的量为宜 （3）斟茶时，要注意茶杯把偏右，壶嘴朝外，不要对着客人 （4）礼貌地请客人用茶，然后将茶壶对称摆放在餐桌上
④ 加水	（1）当茶壶内的水只剩下1/3时，要随时为客人添加开水 （2）如发现茶水淡了，要主动询问客人是否需要更换茶叶，如客人同意更换，应满足客人要求

三、菜单点菜服务

（一）菜单点菜服务流程

菜单点菜服务流程如图4-11所示。

①　递上菜单　　②　介绍菜品　　③　接受点菜　　④　复述点菜内容　　⑤　分送"点菜单"

图4-11　菜单点菜服务流程

（二）菜单点菜服务细则

菜单点菜服务细则如表4-11所示。

服务员帮客人点菜

表4-11 菜单点菜服务细则

餐厅员工服务细节1+1培训手册

操作程序	工作标准
① 递上菜单	将菜单打开第一页，按照"女士优先"的原则，用双手从客人右侧将菜单送至客人手中，然后站在客人斜后方，也就是能观察到客人面部表情的地方，上身微躬等待客人点菜
② 介绍菜品	（1）在客人点菜前，点菜员应留出充足时间让客人翻看菜单 （2）在客人翻看菜单时，点菜员应及时向客人简单介绍菜单上的菜，并回答客人的询问 （3）向客人介绍厨师长推荐菜、今日特别推荐菜品、其他特色菜、畅销菜和高档菜等菜品，并介绍其样式、味道和特色
③ 接受点菜	（1）点菜员先在"点菜单"上记下日期、本人姓名及台号、就餐人数、餐别等 （2）客人点菜时，点菜员应注视客人，听清客人点的菜名、分量、烹调方式等，适时帮助客人选择菜品，并准确记录菜名 （3）对于特殊菜品，点菜员应介绍其特殊之处，并向客人问清所需火候、配料及调料等 （4）若客人用餐时间较紧，点的菜又用时较长，点菜员应及时向客人征求意见；若客人点相同的菜式，如汤、羹或两个类似味型的菜时，应有礼貌地询问客人是否需要更换菜式 （5）若客人有特殊要求，点菜员应在"点菜单"上清楚写明，并告知厨房、划菜员、区域服务员等相关人员
④ 复述点菜内容	（1）在客人点菜完毕后，点菜员应清楚地重复一遍客人所点菜品的内容，并请客人确认 （2）复述完毕后，在"点菜单"右上角写明下单的时间（当时时间），以便查询 （3）收回菜单并向客人致谢，同时请客人稍等，说明大致的等候时间
⑤ 分送点菜单	点菜员将"点菜单"的第一联送到收银台，将第二联和第三联送到厨房，将第四联送给划菜员，将第五联送给区域服务员

客人点菜时，点菜员应注视客人

当客人点好茶叶后，服务员立即为客人冲茶

四、扫码点菜服务

（一）扫码点菜服务流程

扫码点菜服务流程如图4-12所示。

图4-12　扫码点菜服务流程

（二）扫码点菜服务细则

扫码点菜服务细则如表4-12所示。

表4-12　扫码点餐服务细则

操作程序	工作标准
① 扫描二维码	当客人进入餐厅就座后，服务员应提示客人通过手机微信或支付宝扫描餐桌上的二维码，进入到餐厅的点餐界面
② 自助点餐	客人查看电子菜单，点选餐品，然后下单
③ 后厨接单	订单确认后系统会自动发至厨房，后厨分单制作

顾客就座后，拿出手机扫码点餐

第四节　餐间服务流程细则

一、上菜服务

（一）上菜服务流程

上菜服务流程如图4-13所示。

图4-13　上菜服务流程

（二）上菜服务细则

上菜服务细则如表4-13所示。

表4-13　上菜服务细则

操作程序	工作标准
① 准备	（1）根据菜品准备相应的餐具用具 （2）在菜品到达工作台时，服务员检查菜品并将服务勺放到盘内的右侧，但不能损坏菜品的形状，同时注意划单
② 上菜	（1）根据上菜时间在5分钟之内上凉菜 （2）在副主人位的右侧上菜，服务员应右脚在前左脚在后，上身稍微前倾，双手端着菜盘，将菜品的观赏面朝向客人，轻轻放在转盘上，盘边距离转盘边缘2~3厘米，每次上的菜品要转到主人与主宾之间 （3）接到传菜员送到的菜品后，服务员要在最短的时间内把菜端上桌 （4）上菜的顺序为冷菜、热菜、点心、主食、水果
③ 报菜名	上菜后，服务员应后退一步右手五指并拢，在打手势的同时报菜名，对主菜或特色菜应做简单介绍，如有典故可向客人叙述

操作程序	工作标准
④ 摆放	若是两道菜可摆放成"一"字形，若是三道菜则摆放成"品"字形，若是四道菜可摆放成"口"字形，若是五道菜应摆放成"梅花"形，要将菜肴均匀地放于转台上
⑤ 整理	服务员在每次上菜之前都要整理转台，将空盘撤下。如果在整理转台之后还是没有多余的台面可以放置菜肴，在征得客人同意后可将大盘换成小盘

服务员应先给女宾和主宾上菜

二、火锅服务

（一）火锅服务流程

火锅服务流程如图4-14所示。

① 迎接客人　② 引领客人　③ 挪椅协助入座　④ 毛巾服务　⑤ 茶水服务

⑩ 送客　⑨ 结账服务　⑧ 餐中服务　⑦ 酒水服务　⑥ 呈递点菜单

⑪ 收尾工作

图4-14　火锅服务流程

（二）火锅服务细则

火锅服务细则如表4-14所示。

表4-14 火锅服务细则

操作程序	工作标准
① 迎接客人	在开餐前半小时完成准备工作，保持标准姿态站立在规定区域
② 引领客人	（1）迎宾员首先确认客人是否有预订，如客人尚未预订，可征求客人意见安排空桌；如已预订，确认后引领客人入座 （2）迎宾员引领客人入座时，应与客人保持1~1.5米的距离，在客人的左前方引领，并注意客人是否跟随 （3）迎宾员用右手为客人指示方向，同时说"先生/小姐（女士），这边请。" （4）迎宾员将客人带到其预订的餐桌前，征询客人意见："先生/小姐，这是你们预订的位置，您看可以吗？"待客人同意后，再示意客人入座 （5）迎宾员帮助客人轻轻拉开餐椅，待客人落座时轻轻送回 （6）迎宾员与服务员交接，告知其客人就餐人数、主宾姓名等信息，以便服务员提供后续服务 （7）对每一位经过身边的客人都应点头问好
③ 挪椅协助入座	（1）迎宾员将客人领进餐厅时，服务员应主动礼貌地问候客人"您好，欢迎光临！" （2）待客人确认位置后，服务员应主动协助，为客人挪椅入座，同时说"先生/小姐，您请坐（称呼在前）"并以手势示意
④ 毛巾服务	（1）客人入座后，提供第一次毛巾或热湿巾服务 （2）注意毛巾温度，大约在40度，湿度以手握不出水为宜 （3）根据先宾后主、女士优先的原则，站于客人左侧提供服务 （4）客人用过毛巾后，服务员在经客人同意后撤掉毛巾
⑤ 茶水服务	（1）上茶水时应注意茶水的温度，要求温度适当，不能是凉茶，以免客人误会 （2）斟茶时应按先宾后主、女士优先的原则，在客人右侧提供服务。服务员左手提茶壶，右手翻茶杯，再换右手为客人斟倒茶水 （3）茶水应斟倒八分满 （4）将茶壶放于备餐台上，不可将茶壶嘴对着客人

操作程序	工作标准
⑥ 呈递点菜单	（1）客人入座后，服务员应检查菜单，保证菜单干净、整洁、无损 （2）服务员将菜单呈送至客人手中后站在客人右侧，按客人数量调整好餐具用具的数量 （3）询问客人口味，主动介绍菜品特点，特别是本店的特色菜，引导客人消费 （4）在客人点菜的过程中，服务员应先将锅底告知厨房 （5）服务员检查菜单，及时送单到吧台和厨房
⑦ 酒水服务	询问客人所需酒水、饮料，如客人难以确定，服务员应主动向客人介绍酒水和饮料，为客人提供酒水服务
⑧ 餐中服务	（1）服务员应根据客人数量摆上油碟，按客人要求上锅、点火，为客人斟好第一杯酒 （2）上菜时，如客人点有凉菜，要先上凉菜，等客人用过凉菜后或客人准备开始涮菜时，才把其他菜品送到餐桌上。按照先特色菜、荤菜，后豆制品、素菜的原则上菜 （3）掌握火力的调节技巧，不能过旺和太小，并适当搅锅，以免发生煳锅现象，还要视情况及时往锅中加汤 （4）勤换茶碟（有些客人用茶碟作骨碟），不能等到茶碟上的东西堆积如山时才更换
⑨ 结账服务	（1）当客人买单时，服务员应清点核对酒水数量，把未使用的酒水拿回吧台，将菜单交给收银台结算 （2）服务员要准确告诉客人其消费金额 （3）客人买单时，收银员不仅要问清消费方式，还要询问客人有无优惠卡等 （4）把找赎、收银条交给客人以核对钱、票是否准确
⑩ 送客	（1）为客人挪椅协助其离座，取送衣帽 （2）欢送客人："请慢走，欢迎再次光临！"
⑪ 收尾工作	（1）客人离开后，服务员应再次检查有无客人遗留物品，台上有无未熄灭的烟头 （2）待客人全部离开后，关掉燃气 （3）立即将桌面上的菜品、锅底分类清理，送回厨房 （4）将餐具统一放回塑料框，分类清理 （5）清理备餐台，收走空酒瓶、饮料罐，做好桌面清洁 （6）按标准重新摆台，恢复开餐前原样，以便再次使用

为客人更换小毛巾

为客人斟茶

三、分鱼服务

（一）分鱼服务流程

分鱼服务流程如图4-15所示。

① 准备工作 ② 把鱼放在台上 ③ 开鱼 ④ 分鱼

图4-15　分鱼服务流程

（二）分鱼服务细则

分鱼服务细则如表4-15所示。

表4-15　分鱼服务细则

操作程序	工作标准
① 准备工作	用托盘把刀、叉、勺、骨碟放在客人的餐台上
② 把鱼放在台上	双手端着鱼盘的两边，使鱼尾对着自己
③ 开鱼	左手拿叉、右手拿刀，由鱼颈开始在鱼中间分开一直到鱼尾，把鱼肉分开在两旁，用叉及刀从鱼颈开始把主骨取出，放在骨碟上

操作程序	工作标准
④ 分鱼	用勺把汁淋在鱼肉上面，按照女士优先的原则，用叉及勺把鱼肉分到客人碗里，用骨碟把主骨带走

四、带骨、带壳和块状菜品服务

（一）带骨、带壳和块状菜品服务流程

带骨、带壳和块状菜品的服务流程如图4-16所示。

```
①          ②          ③          ④
上刀叉      上洗手盅     上毛巾      撤餐具
```

图4-16　带骨、带壳和块状菜品服务流程

（二）带骨、带壳和块状菜品服务细则

带骨、带壳和块状菜品的服务细则如表4-16所示。

表4-16　带骨、带壳和块状菜品服务细则

服务程序	工作标准
① 上刀叉	（1）当客人点了体积较大的块状食物时，服务员在上菜之前须为客人摆上刀叉 （2）将刀叉整齐地放在铺有餐巾的托盘上，逐位摆在餐碟位两侧
② 上洗手盅	（1）当客人点了虾、蟹或鸡翅等带骨、壳的菜品时，服务员应送上温度适中的洗手盅 （2）将洗手盅摆在餐位右上方，礼貌地向客人说明用途
③ 上毛巾	递送小毛巾并敬送茶水
④ 撤餐具	客人用完该道菜并洗手后，服务员将洗手盅、茶具和小毛巾撤下。当客人吃完该道菜后，服务员应及时将刀叉撤下

五、桌面分菜服务

（一）桌面分菜服务流程

桌面分菜服务流程如图4-17所示。

图4-17　桌面分菜服务流程

（二）桌面分菜服务细则

桌面分菜服务细则如表4-17所示。

表4-17　桌面分菜服务细则

服务程序	工作标准
① 准备用具	（1）分鱼、禽类菜品时，服务员应准备刀、叉、匙各一把 （2）分炒菜时，服务员应准备匙、叉各一把或一双筷子、一把长柄匙
② 分菜	（1）两名服务员配合操作，一名服务员分菜，另一名服务员为客人送菜 （2）分菜的服务员站在副主人位右边第一个座位与第二个座位中间，右手执叉、匙夹菜，左手执长柄匙接挡，以防菜汁滴落在桌面上 （3）另一名服务员站在客人右侧，把餐盘递给分菜的服务员，待菜看分好后再将餐盘放回客人面前
③ 上菜	上菜的顺序为主宾、副主宾、主人，然后按顺时针方向分送

六、服务桌分菜服务

（一）服务桌分菜服务流程

服务桌分菜服务流程如图4-18所示。

图4-18　服务桌分菜服务流程

（二）服务桌分菜服务细则

服务桌分菜服务细则如表4-18所示。

表4-18　服务桌分菜服务细则

服务程序	工作标准
① 准备用具	在客人餐桌旁放置服务桌，准备好干净餐盘，放在服务桌一侧，备好叉、匙等分菜用具
② 展示	服务员先把菜品放在餐桌上，向客人介绍其名称及特色，然后把菜品放到服务桌上分菜
③ 分菜	分菜服务员在服务桌上将菜品均匀、快速地分到每位客人的餐盘中
④ 上菜	分好菜后，服务员从右侧将餐盘送到客人面前，上菜顺序与桌面分菜顺序相同

七、特殊菜肴分菜服务

（一）特殊菜肴的类别

特殊菜肴的类别如图4-19所示。

图4-19　特殊菜肴的类别

（二）特殊菜肴分菜服务细则

各类特殊菜肴分菜服务细则如表4-19所示。

表4-19　特殊菜肴分菜服务细则

服务程序	工作标准
① 汤类菜肴	先将容器内的汤分别盛入客人碗内，再将汤中原料均匀地分入客人汤碗中
② 造型菜肴	将造型菜肴均匀地分给每位客人，如果其造型较大，可先分一半，处理完上半部分造型物后再分其余部分
③ 卷食菜肴	如果老人或儿童多，服务员需要将吃碟摆放于菜肴周围，放好铺卷外层，然后逐一将被卷食材放于铺卷外层上，最后逐一卷好送到每位客人面前
④ 拔丝类菜肴	一位服务员取菜分类，另一位服务员快速递给客人

八、餐中服务

（一）餐中服务流程

餐中服务流程如图4-20所示。

图4-20　餐中服务流程

（二）餐中服务细则

餐中服务细则如表4-20所示。

表4-20　餐中服务细则

操作程序	工作标准
① 更换小毛巾	（1）从毛巾柜里取出温度、湿度适宜的小毛巾，放于毛巾篮内 （2）用两个毛巾夹进行服务。从主宾开始，服务员站在客人左侧按照顺时针方向进行更换，用一个毛巾夹将脏毛巾夹取到托盘内，再用另一个毛巾夹夹取新的毛巾放至毛巾托内
② 更换骨碟	在用餐过程中，如果骨碟内污物超过1/3，就要及时更换。服务员应先收脏的骨碟，再换上干净的骨碟
③ 更换烟灰缸	烟灰缸内有两个烟头时则须更换，服务员应用烟灰缸盖在一个脏烟灰缸上，然后拿到托盘内，再将另外一个干净的烟灰缸摆放到原位置
④ 收空盘	当转盘上有空盘时，服务员应及时撤下
⑤ 整理桌面	（1）当餐桌、转台上有脏物时，服务员应用脏物夹及时清理，并用专用餐巾纸擦拭，保持台面清洁 （2）服务员在上水果前应先清理桌面，征得客人同意后将客人面前的酒杯、骨碟、碗、勺整理干净
⑥ 上水果	为每位客人换上新骨碟并送上水果叉，将水果叉摆放在骨碟的右侧1/3处，接着送上例份的水果
⑦ 送客茶	送上水果之后，服务员应再次奉上送客茶，同时征求客人对菜肴和服务的意见

更换骨碟、烟灰缸和纸巾

更换骨碟

更换烟灰缸

九、自助餐服务

（一）自助餐服务流程

自助餐服务流程如图4-21所示。

图4-21 自助餐服务流程

（二）自助餐服务细则

自助餐服务细则如表4-21所示。

表4-21 自助餐服务细则

操作程序	工作标准
① 欢迎客人	（1）当客人来到餐厅时，迎宾员要热情地上前问候，询问客人是否有预订及用餐人数 （2）引领客人到合适座位，为客人拉椅让座
② 铺餐巾、撤筷套	服务员从客人右侧拿起餐巾，解开餐巾花轻轻地铺在客人桌上，同时从客人右侧为客人撤去筷套，并将筷套撤走
③ 上茶	（1）客人坐定后，服务员应询问客人所需茶水的种类，并根据客人的人数泡好茶 （2）泡好茶水后，服务员要从客人右侧斟茶，斟茶时，应斟至茶杯的八分满，不要将茶水滴落在客人身上或台布上
④ 巡台	（1）在客人用餐的过程中，服务员应不断巡视，随时将桌面上的空盘、脏盘撤下，保持桌面干净、整洁 （2）及时给客人添加茶水，更换烟灰缸 （3）主动为不习惯或不方便取食物的客人取送菜点和饮料
⑤ 整理桌面	（1）当餐桌、转台上有脏物时，服务员应用脏物夹及时清理，并用专用餐巾纸擦拭，保持台面清洁 （2）服务员在送上水果前应先清理桌面，征得客人同意后将客人面前的酒杯、骨碟、碗、勺整理干净

操作程序	工作标准
⑥ 结账收款	（1）在客人用餐结束后，服务员应及时清点客人所点的食品与饮料，通知收银员准备结账，确认无误后，将账单放入钱夹内。当客人示意结账时，服务员应先派送香巾，然后递送账单 （2）将账单呈递到客人面前，同时告诉客人应付金额数目。如果是现金结账，应在客人面前点清款项，然后代客到收银处交款，找回余款后连同账单一起送还给客人，并向客人道谢。如果找回余款数额较大，服务员应站在一侧，待客人查点无误并收妥后方可离开 （3）如客人以签单的形式结账，服务员应核对客人的姓名、房号；如客人用信用卡或支票结账，则应交收银员处理

十、西餐宴会服务

（一）西餐宴会服务流程

西餐宴会服务流程如图4-22所示。

图4-22　西餐宴会服务流程

（二）西餐宴会服务细则

西餐宴会服务细则如表4-22所示。

表4-22　西餐宴会服务细则

操作程序	工作标准
① 准备工作	开餐前半小时，一切准备工作就绪，并经楼面主管或领班检查合格： （1）服务员将水杯注入4／5的冰水，并将蜡烛点燃 （2）将面包放在面包篮里并摆放在桌上，将黄油放在黄油罐里
② 迎宾服务	（1）迎宾员将餐厅大门打开，迎候客人。服务员各就各位，站在宴会桌边，面向门口方向 （2）客人到来后，服务员应问候客人，确定客人的身份，为客人拉椅入座，并从右侧为客人铺上餐巾
③ 服务酒水	为客人服务酒水，一般情况下是先为客人服务白葡萄酒或按客人要求进行
④ 服务头盘	（1）服务员在服务头盘时，应从客人的右侧先给女宾和主宾上菜 （2）当客人全部放下刀叉后，服务员应询问客人是否同意撤盘。得到客人的允许后，服务员应从客人的右侧将盘子和刀叉一同撤下
⑤ 服务汤	（1）服务员将汤碗放在汤碟上面，从客人的右侧提供服务 （2）待多数客人不再饮用时，服务员应询问客人是否可以撤汤，得到客人允许后，要从客人的右侧将汤碗、汤碟和汤勺一同撤下
⑥ 服务红酒	（1）先请主人试酒，然后为其他客人服务红酒 （2）询问客人是否用白酒，如不用，可将白酒杯撤下
⑦ 服务主菜	（1）服务主菜时，服务员应从客人右侧上菜 （2）待客人全部放下刀叉后，服务员应上前询问客人是否可以撤盘，得到客人允许后，从客人的右侧将盘子和主刀叉一同撤下
⑧ 清台	（1）用托盘将面包盘、面包刀、黄油碟、椒盐瓶全部撤下 （2）用服务叉、勺将台面残留物收走
⑨ 服务甜品	（1）先将甜食叉勺打开，做到左叉右勺 （2）从客人的右侧送上甜食 （3）待客人全部放下叉勺后，服务员应询问客人是否可以撤下，得到其允许后，将盘子和甜食叉一同撤下
⑩ 服务咖啡和茶	（1）先在餐桌摆好糖罐、奶盅 （2）将咖啡杯摆在客人面前 （3）用新鲜的热咖啡和茶为客人服务 （4）礼貌征询客人的意见、建议
⑪ 送客	宴会结束时，服务员要为客人拉椅，然后站在桌旁礼貌地目送客人离开，并欢迎客人下次再来

十一、自助宴会服务

（一）自助宴会服务流程

自助宴会服务流程如图4-23所示。

①
准备工作

②
迎接客人

③
服务饮料

④
餐间服务

⑥
送客

⑤
服务咖啡和茶

图4-23　自助宴会服务流程

（二）自助宴会服务细则

自助宴会服务细则如表4-23所示。

表4-23　自助宴会服务细则

操作程序	工作标准
① 准备工作	开餐前半小时，一切工作都应准备就绪，自助餐台的食品要加热并上齐，打开餐厅大门，迎宾员准备迎接客人，服务员各就各位
② 迎接客人	服务员应问候客人，为客人拉椅入座，从右侧为客人铺餐巾
③ 服务饮料	服务员应询问客人所需饮料，然后站在客人右侧将饮料倒入杯中
④ 餐间服务	（1）餐间，服务员要随时撤下客人用过的空餐具 （2）服务员应随时为客人添加饮料，更换烟灰缸 （3）客人吃甜食时，服务员应撤下主刀、主叉、汤勺、面包刀、面包盘等餐具 （4）保持食品台的整洁，随时添加各种餐具和食品
⑤ 服务咖啡和茶	（1）客人开始吃甜食时，服务员应准备送上咖啡和茶 （2）先将糖罐、奶盅准备好，摆上桌 （3）服务员询问客人用咖啡还是用茶，然后用新鲜的热咖啡或茶为客人服务 （4）征询客人的意见和建议时，态度要诚恳

操作程序	工作标准
⑥ 送客	宴会结束时，服务员要为客人拉开座椅，并提醒客人有无遗漏物品，然后站在桌旁礼貌地目送客人离开，并欢迎客人再次光临

十二、团队餐服务

（一）团队餐服务流程

团队餐服务流程如图4-24所示。

图4-24　团队餐服务流程

（二）团队餐服务细则

团队餐服务细则如表4-24所示。

表4-24　团队餐服务细则

核实人数、起菜

操作程序	工作标准
① 餐前准备	（1）用餐前，服务员应做好餐厅的环境卫生及个人卫生 （2）备好各类餐具茶壶、茶叶、暖壶，准备迎接客人
② 迎候客人	（1）客人到达餐厅时，服务员应主动、热情地迎接客人，引导客人入座 （2）对宗教信仰和风俗习惯不同的客人给予特别安排
③ 斟茶	客人入座后，服务员要立即为客人斟茶
④ 上菜	客人到齐后，服务员通知上菜，要掌握好上菜节奏

操作程序	工作标准
⑤ 席间服务	（1）将温度适宜的毛巾放在毛巾托内，根据"女士优先，先宾后主"的原则，按顺时针的方向，从客人右侧将毛巾放在餐位的右侧，并对客人说："打扰了，请用毛巾。" （2）客人食用完用手处理的食品后，服务员应送上毛巾，送上点心之前服务员应更换毛巾
⑥ 送客	（1）当客人要起身时，服务员要主动为客人拉开座椅，随后递上客人携带的物品 （2）客人离开餐桌时，服务员应迅速检查周围是否有客人遗留的物品，并及时处理其遗留物品 （3）当客人离开餐厅时，服务员要主动向每一位客人道别，欢迎其再次光临。和客人道别时，服务员应微笑着注视客人

用餐前，服务员要做好餐厅环境卫生

服务员及时更换毛巾

十三、鸡尾酒会服务

（一）鸡尾酒会服务流程

鸡尾酒会服务流程如图4-25所示。

① 准备托盘　　② 为客人提供饮料　　③ 为客人提供食品

图4-25　鸡尾酒会服务流程

（二）鸡尾酒会服务细则

鸡尾酒会服务细则如表4-25所示。

表4-25　鸡尾酒会服务细则

操作程序	工作标准
① 准备托盘	服务员使用干净托盘，并在托盘上铺上餐巾，将饮料放在托盘上，并保持托盘平衡
② 为客人提供饮料	（1）将饮料托盘平稳地托在胸前，切忌将饮料托盘扛在肩膀上 （2）走近客人并主动给客人提供托盘上的饮料和餐巾 （3）回到吧台补充饮料时，服务员应将空杯子收拾好放在托盘上一并带回 （4）将脏的杯子放在服务吧台的脏杯架上 （5）用洁净的湿布将托盘上的污渍擦拭干净
③ 为客人提供食品	（1）服务员托稳装满食品的托盘，在客人间走动，主动为客人提供食品 （2）如果客人需要食品，服务员应将托盘放低至客人胸部的位置，尽量不要打扰客人的谈话 （3）服务员应及时补充食品，并重新装盘 （4）回到厨房或其他地方重新装盘时，服务员应将空盘子放在托盘上一并带回餐具室 （5）用一块干净的湿布擦拭托盘和餐桌上的污渍

第五节　酒水服务流程细则

一、白酒服务

（一）白酒服务流程

白酒服务流程如图4-26所示。

① 准备工作 → ② 展示白酒 → ③ 斟酒 → ④ 续杯

图4-26　白酒服务流程

（二）白酒服务细则

白酒服务细则如表4-26所示。

托盘斟酒和徒手斟酒
步骤展示

表4-26　白酒服务细则

操作程序	工作标准
① 准备工作	（1）客人订酒后，服务员应立即取酒，往返时间不得超过5分钟 （2）准备一块叠成12厘米见方的干净餐巾 （3）准备好和客人人数相符的白酒杯
② 展示白酒	服务员在左手掌心上放上餐巾，将白酒放在餐巾上，右手扶住酒瓶上端，并呈45度倾斜，商标向上，为客人展示白酒
③ 斟酒	（1）征得客人同意后，服务员在客人面前打开白酒 （2）服务时，左手持方型餐巾，右手持白酒瓶，按照先宾后主、女士优先的原则，从客人右侧依次为客人倒酒 （3）倒入酒杯4/5的位置即可 （4）倒完一杯后轻轻转动瓶口，避免酒滴在台布上，再用左手中的餐巾擦拭瓶口
④ 续杯	（1）随时为客人加酒 （2）当整瓶酒将要斟完时，应询问主宾是否再加一瓶，如其同意则服务程序同上 （3）如不再加酒，则及时撤走空杯

向客人展示白酒

倒入酒杯4/5的位置即可

二、黄酒服务

（一）黄酒服务流程

黄酒服务流程如图4-27所示。

图4-27　黄酒服务流程

（二）黄酒服务细则

黄酒服务细则如表4-27所示。

表4-27　黄酒服务细则

操作程序	工作标准
① 准备工作	（1）客人订酒后，服务员应立刻取酒，并准备与人数相对应的黄酒杯 （2）取冰桶及黄酒壶，在冰桶内装1/3的开水 （3）将冰桶放在冰桶架上，并在冰桶上横放一条叠好的餐巾
② 黄酒展示加热	（1）用一块干净的餐巾垫着黄酒坛向客人展示，将商标面向客人，然后告诉客人需等候的加热时间 （2）将黄酒打开，倒入黄酒壶内，再将黄酒壶放入盛有开水的冰桶内加热2～3分钟即可 （3）将酒杯放在客人筷子的右上方
③ 斟酒	（1）将冰桶架拿到主人座位的右侧 （2）当黄酒加热至35℃左右时开始斟酒 （3）服务员斟酒时，左手拿餐巾，右手从冰桶中拿出黄酒壶，用餐巾将壶底部擦干净，站在客人的右侧，按女士优先、先宾后主的原则依次为客人倒酒，倒入4/5杯即可
④ 续杯	（1）随时为客人加酒 （2）当整壶酒将要斟完时，服务员应询问主宾是否再加一壶，如其同意则服务程序同上 （3）如不再加酒，则及时撤走空杯

三、啤酒服务

（一）啤酒服务流程

啤酒服务流程如图4-28所示。

图4-28 啤酒服务流程

（二）啤酒服务细则

啤酒服务细则如表4-28所示。

表4-28 啤酒服务细则

操作程序	工作标准
① 推销及建议	（1）在客人订饮品时，服务员应向其介绍本餐厅提供的啤酒及其特点（含酒的度数等） （2）服务员为客人写订单并到柜台取酒，这段时间不得超过5分钟
② 斟酒	（1）用托盘送来啤酒及冰冻酒杯，依据先宾后主、女士优先的原则斟酒 （2）提供服务时，服务员站在客人右侧，左手托托盘，右手将冰冻啤酒杯放在客人餐盘的右上方，倒啤酒时应使啤酒沿杯壁慢慢滑入杯中，以减少泡沫 （3）倒酒时，应将酒瓶商标面向客人 （4）啤酒应斟十分满，但不得溢出杯外 （5）如瓶中啤酒未倒完，则应把酒瓶商标面向客人，摆放在酒杯右侧，间距2厘米
③ 续杯	（1）随时为客人加啤酒 （2）当杯中啤酒仅剩1/3时，服务员应主动询问客人是否需要添加 （3）如不需要续杯，则及时撤下空杯

四、葡萄酒服务

（一）葡萄酒服务流程

葡萄酒服务流程如图4-29所示。

①	②	③	④	⑤
准备工作	向客人展示	开启葡萄酒	斟酒	续杯

图4-29　葡萄酒服务流程

（二）葡萄酒服务细则

葡萄酒服务细则如表4-29所示。

斟酒步骤演示

表4-29　葡萄酒服务细则

操作程序	工作标准
① 准备工作	（1）客人订完酒后，服务员应立即去酒吧取酒，往返时间不得超过5分钟 （2）检查葡萄酒的标识及年份 （3）在冰桶中放入1/3桶的冰块，再放入1/2桶的水后，将其放在冰桶架上，并配一条叠成8厘米宽的条状餐巾 （4）服务员将葡萄酒放入冰桶中，使商标向上 （5）在客人水杯的右侧摆放葡萄酒杯，间距1厘米
② 向客人展示	（1）服务员将准备好的冰桶架、冰桶、餐巾条、小酱油碟一次性拿到主人座位的右侧，将小酱油碟放在主人餐具的右侧 （2）服务员左手持餐巾，右手持葡萄酒瓶，将酒瓶底部放在中间部位，再将条状餐巾两端拉起至酒瓶商标以上部位，使商标露出 （3）右手持用餐巾包好的酒瓶，用左手四个指尖轻托住酒瓶底部，送至主宾面前，请主宾看清酒的商标，并问主宾是否可以服务
③ 开启葡萄酒	（1）得到客人允许后，服务员将酒放回冰桶中，左手扶住酒瓶，右手用开酒刀割开铅封，并用一块干净的餐巾将瓶口擦干 （2）将酒钻垂直钻入木塞，注意不要旋转酒瓶，待酒钻完全钻入木塞后，轻轻拔出木塞，保证木塞出瓶时不发出声音 （3）将木塞放入小酱油碟中，摆放在主宾葡萄酒杯的右侧，间距1～2厘米
④ 斟酒	（1）服务员右手持用条状餐巾包好的酒瓶，使商标朝向客人，从主宾右侧为主宾斟1/5杯的葡萄酒，请主宾确认并品评 （2）在主宾认可后，服务员按先主后宾、女士优先的原则依次为客人斟酒，斟酒时应站在客人的右侧，斟入2/3杯即可 （3）每斟完一杯酒要轻轻转动一下酒瓶，以免酒滴出 （4）斟完后，服务员将葡萄酒放回冰桶，保证商标向上
⑤ 续杯	（1）随时为客人添加葡萄酒 （2）当整瓶酒要斟完时，服务员应询问主宾是否再加一瓶，如主宾无需加酒即观察客人，待其喝完酒后立即撤掉空杯

五、葡萄汽酒服务

（一）葡萄汽酒服务流程

葡萄汽酒服务流程如图4-30所示。

① 准备工作	② 向客人展示	③ 开启葡萄汽酒	④ 掛酒

图4-30　葡萄汽酒服务流程

（二）葡萄汽酒服务细则

葡萄汽酒服务细则如表4-30所示。

表4-30　葡萄汽酒服务细则

操作程序	工作标准
① 准备工作	（1）准备好冰桶 （2）服务员将酒从酒吧中取出，擦拭干净后放在冰桶内冰镇 （3）将酒连同冰桶和冰桶架一起放到客人桌旁，以不影响正常服务为宜
② 向客人展示	（1）服务员将准备好的冰桶架、冰桶、餐巾条、小酱油碟一次性拿到主宾座位的右侧，将小酱油碟放在主宾餐具的右侧 （2）服务员左手持餐巾，右手持葡萄汽酒瓶，将酒瓶底部放在餐巾的中间部位，再将条状餐巾两端拉起至酒瓶商标以上部位，使商标露出 （3）服务员右手持用餐巾包好的酒，用左手四个指尖轻托住酒瓶底部，送至主宾面前，请主宾看清酒的商标，并询问主宾是否可以服务
③ 开启葡萄汽酒	（1）服务员将酒瓶从冰桶内取出向主宾展示，待主宾确认后再放回冰桶内 （2）服务员用酒刀将瓶口处的锡纸割开除去，将酒瓶倾斜45度，左手握住瓶颈，同时用拇指压住瓶塞，右手将捆扎瓶塞的铁丝拧开、取下，用干净餐巾包住瓶塞顶部，左手依旧握住瓶颈，右手握住瓶塞，双手同时反方向转动并缓慢地上提瓶塞，直至瓶内气体将瓶塞完全顶出 （3）开瓶时，服务员的动作不宜过猛，不要将瓶口朝向客人
④ 掛酒	（1）掛酒时服务员右手持酒瓶，从客人右侧、沿顺时针方向按女士优先、先宾后主的原则掛酒

操作程序	工作标准
④ 斟酒	（2）斟酒量为2/3杯 （3）每斟一杯酒，服务员最好分两次完成，以免杯中泡沫溢出，斟完酒后需将瓶身顺时针轻转一下，防止瓶口的酒滴落 （4）酒的商标始终朝向客人 （5）服务员为所有的客人斟完酒后，将酒瓶放回冰桶内冰镇 （6）当酒瓶中只剩下一杯酒的酒量时，服务员需及时征求主人意见，是否准备打开另外一瓶

为客人展示葡萄酒	为客人斟酒

六、饮料服务

（一）饮料服务流程

饮料服务流程如图4-31所示。

①
准备　　②
饮料服务　　③
混合饮料服务

图4-31　饮料服务流程

（二）饮料服务细则

饮料服务细则如表4-31所示。

表4-31 饮料服务细则

操作程序	工作标准
① 准备	（1）服务员为客人写订单并到柜台取饮料，往返时间不得超过5分钟 （2）将饮料和杯具放于托盘上 （3）注意，一定要当着客人的面开启饮料
② 饮料服务	（1）将饮料杯放于客人右侧 （2）从客人右侧按顺时针方向服务，以女士优先、先宾后主为原则 （3）服务员用右手为客人斟倒饮料，速度不宜过快 （4）把未倒空的饮料瓶放在杯子的右前侧，将商标朝向客人 （5）如客人使用吸管，服务员需将吸管放在杯中
③ 混合饮料服务	（1）服务员将盛有主饮料的杯子放在客人右侧 （2）在配酒杯中斟酒，并根据客人要求配加饮料 （3）使用搅棒为客人调匀饮料 （4）将搅棒和配酒杯带回服务桌

服务员要从客人右侧将饮料倒入杯中

为客人斟倒饮料时，速度不宜过快

七、冰茶服务

（一）冰茶服务流程

冰茶服务流程如图4-32所示。

图4-32 冰茶服务流程

（二）冰茶服务细则

冰茶服务细则如表4-32所示。

表4-32　冰茶服务细则

操作程序	工作标准
① 准备工作	（1）准备长饮杯，长饮杯应干净、无破损 （2）将适量的茶包放入水瓶中，用沸水沏茶 （3）将沏好的茶水放入冰箱内冷藏，温度为2℃~6℃ （4）准备一个半圆的柠檬片 （5）在摆罐中倒入2/3罐的糖水 （6）准备一支吸管和一支搅棒
② 制作冰茶	（1）在长饮杯中放入适量的冰块 （2）将凉茶倒入长饮杯至4/5处 （3）将柠檬片放入杯中 （4）将吸管插入杯中
③ 为客人服务	（1）使用托盘，服务员在客人右侧为其服务 （2）先在客人面前放一块杯垫，再放上冰茶，在其右侧放一杯装有糖水的奶罐 （3）将搅棒放在冰茶和奶罐之间

八、咖啡服务

（一）咖啡服务流程

咖啡服务流程如图4-33所示。

①准备工作　②制作咖啡　③摆放器具　④为客人倒入咖啡

图4-33　咖啡服务流程

（二）咖啡服务细则

咖啡服务细则如表4-33所示。

表4-33 咖啡服务细则

操作程序	工作标准
① 准备工作	（1）准备咖啡壶，咖啡壶应干净、无茶锈、无破损 （2）准备咖啡杯和咖啡碟，咖啡杯和咖啡碟应干净、无破损 （3）准备咖啡勺，咖啡勺应干净、无水迹 （4）准备奶罐和糖盅，奶罐和糖盅应干净、无破损 （5）向奶罐内倒入2/3罐的新鲜牛奶 （6）向糖盅内放入袋装糖，糖袋应无破漏、无污迹、无水迹
② 制作咖啡	（1）取用冲调一壶咖啡所需的咖啡粉或现磨咖啡豆 （2）将咖啡粉容器取下，在容器内铺垫一张咖啡过滤纸，将咖啡粉倒入容器中，并放回到咖啡机上 （3）从咖啡机上部的注水口注入一大壶冷水 （4）4分钟后，咖啡将自动煮好，流入到咖啡壶中 （5）如用自动咖啡机，一般每杯咖啡的制作时间为20秒
③ 摆放器具	（1）使用托盘，服务员在客人右侧为其服务 （2）将干净的咖啡碟和咖啡杯摆放在客人餐台上 （3）如客人只喝咖啡，则摆在客人的正前方 （4）如客人同时食用甜食，则将咖啡摆在客人的右侧
④ 为客人倒入咖啡	（1）为客人倒咖啡时，服务员应按顺时针方向进行，以女士优先、先宾后主为原则 （2）咖啡斟至2/3杯处 （3）将奶罐和糖盅放在餐桌上，便于客人取用

第六节　结账服务流程细则

一、现金结账服务

（一）现金结账服务流程

现金结账服务流程如图4-34所示。

図4-34　现金结账服务流程

（二）现金结账服务细则

现金结账服务细则如表4-34所示。

服务员解释账单明细

表4-34　现金结账服务细则

操作程序	工作标准
① 检查账单	服务员检查台号、菜品、酒水品类和价格是否正确
② 打印账单	检查缺少项目，核对总计金额
③ 递上菜单	服务员将账单放入账单夹内，站在客人右侧，向客人鞠躬并说"谢谢"；将夹子放在客人面前，打开并放下一支笔，用手指指向合计金额处，不用说出来
④ 现金结账	检查客人所付现金，把钱和账单送给收银员，检查收银员找回的钱是否准确，然后将账单条和找赎送回给客人
⑤ 感谢客人	服务员收回夹子并有礼貌地说"谢谢"

为客人结账

柜台结账服务

二、扫码结账服务

（一）扫码结账服务流程

扫码结账服务流程如图4-35所示。

```
①          ②          ③          ④
检查账单     确认账单     扫码支付     打印交易凭条
```

图4-35　扫码结账服务流程

（二）扫码结账服务细则

扫码结账服务细则如表4-35所示。

表4-35　扫码结账服务细则

操作流程	工作标准
① 检查账单	服务员检查台号、菜品、酒水品类和价格是否正确
② 确认账单	告知客人消费金额及应付金额
③ 扫码支付	目前，餐厅常用的移动支付有静态二维码支付和动态二维码支付两种方式。 （1）静态二维码条码支付就是大家常见、常用的方式，将餐厅微信支付或支付宝收款二维码打印出来，让顾客主动扫二维码输入金额进行支付 （2）动态二维码支付就是由收银员在收银机中输入应支付的金额，用扫描枪扫描顾客出示的动态二维码进行收款
④ 打印交易凭条	收款完成后，打印交易凭条，并交给顾客

静态二维码支付

动态二维码支付

三、信用卡结账服务

（一）信用卡结账服务流程

信用卡结账服务流程如图4-36所示。

图4-36　信用卡结账服务流程

（二）信用卡结账服务细则

信用卡结账服务细则如表4-36所示。

表4-36　信用卡结账服务细则

操作程序	工作标准
① 客人要求用信用卡结账	服务员礼貌询问客人结账方式，客人提出用信用卡结账
② 服务员持刷卡机至客人餐桌	服务员从收银处取出刷卡机，到客人餐桌

操作程序	工作标准
③ 审核信用卡	（1）信用卡卡面完整 （2）信用卡在有效期间内 （2）如不符合上述要求，服务员则将卡退还给客人
④ 刷卡	（1）磁条面向内刷卡，核对卡号与刷卡机荧屏所显示的卡号是否一致 （2）如卡号不相符，服务员需将卡退还给客人
⑤ 输入消费金额	（1）服务员将消费金额输入刷卡机，输入的最小单位为分 （2）如有密码，请客人输入密码并确认
⑥ 打印单据	（1）打印两张交易凭单，请客人核对单据金额 （2）要求客人在单据第一联上签字确认
⑦ 关键审核	核对信用卡背面预留印鉴与客人在单据上的签字是否相符
⑧ 完成操作	服务员将第一联即商户存根联与账单即刻交回收银员结账，将结算卡与第二联即客户存根联退还给客人

四、支票结账服务

（一）支票结账服务流程

支票结账服务流程如图4-37所示。

图4-37　支票结账服务流程

（二）支票结账服务细则

支票结账服务细则如表4-37所示。

表4-37　支票结账服务细则

操作程序	工作标准
① 客人要求用支票结账	当客人要求用支票结账时，服务员应礼貌地请客人稍等
② 为客人取账单	服务员立即去收银台为客人取账单
③ 与收银员核对账单	服务员告诉收银员需要结账的台号，并检查账单台号、人数、菜品及饮品的消费额是否正确
④ 取回账单	服务员将账单夹在结账夹内，走到主宾右侧，打开结账夹，右手持账夹上端，左手轻托账夹下端，递至主宾面前，请主宾检查，注意不要让其他客人看到账单
⑤ 请客人出示证件	请客人出示身份证并注明联系电话及单位地址
⑥ 结账记录	（1）收银员结完账并记录证件号码及联系电话、单位地址后，服务员将账单第一联与支票存根核对后送还给客人，并真诚地感谢客人 （2）如客人使用密码支票，服务员应请客人在支票密码栏中填写密码

五、抵用券结账服务

（一）抵用券结账服务流程

抵用券结账服务流程如图4-38所示。

图4-38　抵用券结账服务流程

（二）抵用券结账服务细则

抵用券结账服务细则如表4-38所示。

表4-38　抵用券结账服务细则

操作程序	工作标准
① 检查抵用券	收银员检查客人所持的抵用券，抵用券一般包括各种代金券、折价券、赠券和友情卡等
② 阅读使用方法	收银员应仔细阅读使用方法，确定是否可以找零，是否可以分次使用，是否可以组合使用，以及是否可以开具发票等
③ 结算账款	收银员根据客人的要求正确计算出客人应使用的抵用券及现金的组合。当客人对抵用券的使用方法有误解时，服务员应委婉地向顾客解释，如自己无法处理，应及时通知收银主管
④ 收取抵用券	收银员结算完款项后，操作收银机，弹开钱箱，将抵用券放入，然后关闭钱箱
⑤ 作废抵用券	交易完成后，收银员要立即在抵用券上加注作废标志。不得积攒抵用券
⑥ 签写相关材料	收银员在作废抵用券后应马上在其背面上加签自己的姓名、日期及收银机号，然后把抵用券放入钱箱，并关闭钱箱

六、扫码开票服务

（一）扫码开票服务流程

扫码开票服务流程如图4-39所示。

①
满足客人要求　　②
客人扫码填写信息　　③
核对信息　　④
打印发票

图4-39　扫码开票服务流程

（二）扫码开票服务细则

扫码开票服务细则如表4-39所示。

表4-39　扫码开票服务细则

操作流程	工作标准
① 满足客人要求	客人结账时，如提出开具发票的要求，收银员应礼貌地满足客人的要求，并告知开具发票的操作步骤
② 客人扫码填写信息	收银员指导客人用手机扫描开具发票的二维码，让客人在相应界面上输入企业抬头、企业纳税号等基本信息后点击"提交"
③ 核对信息	根据开票系统的显示，收银员再次向客人核对开票信息
④ 打印发票	信息确认无误后，收银员打印发票并交给顾客

收银台摆放扫码开发票指示牌

客人用支付宝扫码开票

餐厅菜品销售技能

导语：

　　菜品推销是餐饮服务工作中的重要环节，因此服务人员应具备一定的菜品推销技能。服务人员应当根据不同客人的特点，介绍不同的菜点，并实事求是、有针对性地推介菜品，满足客人的不同需求。

第一节 了解客人，按需推销

服务员在向客人推销菜品前，应了解客人的喜好，只有这样才能有针对性地向客人推销菜品。

一、找出相似规律，适应客人需求

以辣味型菜品为例，点菜员可根据客人的不同需求，找出相似的规律。

（一）对辣的需求程度

就餐时，有的客人喜欢干辣、麻辣等口味重些的菜肴，有的客人喜欢辣味适中或微辣的菜肴。复合辣味型可分为如下三种。

1. 浓辣味型：朝天椒的干辣味型、浓麻辣味型、冲鼻的芥末辣味型。

2. 中度辣味型：清麻辣味型、怪味味型。

3. 微辣味型：酸辣味型、甜辣味型、咖喱味型、胡椒味型、葱香味型、蒜香味型和姜香味型。

（二）按客人地域习俗的需求

我国南方地区的人喜食甜辣、酸辣、麻辣和咖喱味型的菜品，还有部分地区的人喜欢葱香、姜香、蒜香味型及怪味型的菜品。绝大多数北方人喜食酸辣、甜辣、香辣、怪味、蒜香、葱香、姜香味型。

（三）按佐餐、佐酒需求

一般来说，复合辣味型的凉菜适合佐酒类需求，热菜中的酸辣、甜辣、香辣和怪味型也适合佐酒类口味需求。适合佐餐类的菜品味型有热菜中的麻辣、香辣、甜辣味型，利于开胃、消食。

（四）按季节需求

一般客人在春季喜食甜辣味菜品，在夏季喜食苦味菜品，在秋季喜食酸辣味菜品，在冬季喜食麻辣浓味菜品。

（五）按中、西餐的口味要求

中餐常用酸辣、麻辣、甜辣、怪味、咖喱味型来调制菜品。西餐喜用酸辣、香辣、咖喱味型突出西餐菜品的味型。

（六）多种复合味型体现

1. "清麻辣味型"的口味特点体现为麻辣清香、咸鲜爽口；"浓麻辣味型"的口味特点体现为麻辣香浓、鲜咸醇厚。

2. "酸辣味型"的口味特点体现为酸香微辣、咸鲜清爽；"甜辣味型"的口味特点体现为咸甜微辣、鲜香醇厚。

3. "辛辣味型"中的葱香味型多用于冷菜中，其口味特点体现为葱香清爽、甘鲜微辣；用于热菜中则体现为葱香浓郁、咸鲜味厚。

4. "蒜香味型"多用于冷菜中，其口味特点体现为蒜香清爽、咸鲜微辣；用于热菜中则体现为蒜香浓郁、鲜咸味厚。

5. "姜香味型"的口味特点表现为醇厚、咸鲜清爽；"香辣味型"的口味特点体现为香浓微辣、鲜咸醇厚；"胡椒味型"的口味特点体现为胡椒香浓、鲜咸微辣。

6. "咖喱味型"的口味特点体现为咖喱香浓、鲜咸微辣；"新加坡式咖喱猪肉片"还体现为水果清香等多种复合味型。

7. "鱼香味型"的口味特点主要体现为咸、甜、酸、辣兼备，葱、姜、蒜香浓郁或清香爽口的多种复合味型。

8. "怪味型"的口味特点体现为咸、甜、酸、辣、麻、鲜、香七味并重。

点菜员只会介绍菜品的口味是不够的，必须通过口音和交谈话语的内容了解客人所处的地域，以便在进一步的沟通中判断客人对餐厅的菜式口味是否适应，还有没有其他特殊要求。只有充分了解客人的个性需求，才能使菜肴的口味符合客人的需求。

客人点菜时，点菜员要了解客人的个性需求

案例

几位先生来到一家餐厅就餐，他们选了一道招牌菜"糖醋鱼"。服务员将菜端上来后，有位先生一尝就提出"味不对"，要求退菜。服务员很纳闷，这道菜向来卖得很好，按理说，质量口味应该都没有问题。于是，她回答道："不能退。"就在双方僵持不下时，该桌的点菜员小柳微笑着向客人请教退菜原因，原来这几位先生都是江浙人，这道菜醋味太浓，他们接受不了，觉得甜味略大一些就可以了。

小柳马上意识到自己在点菜时，没有将菜的口味及调料的产地告诉客人。因为同样是醋，江南的醋和北方的醋浓度不同，糖醋口味中糖和醋的比例也不相同。小柳很感激这桌客人，让她不交学费就学会了一种点菜技巧。于是，小柳请示领班让厨房重新做了一道"糖醋鱼"，这样的处理结果让客人感到非常满意。后来，他们每次来这里吃饭都找小柳点菜，并为小柳推荐了不少客人。

小柳发现，出现问题后，自己应仔细、虚心地听取客人的意见或建议，了解不同客人的需求，尊重客人并体谅客人的饮食习惯及习俗，只有这样才能让客人"乘兴而来，满意而归"。

二、记录客人的口味、喜好和忌讳

点菜员一定要如实记录客人的特殊喜好和忌讳等。

（一）对某一口味的偏爱

客人的特殊喜好表现在其对某一口味的偏爱，如清淡一些、浓重一些或辣味要轻一些等。点菜员一定要清楚、准确地记录，这是对客人负责、尊重客人的体现。

（二）牢记熟客偏爱的菜品

对熟客偏爱的菜品，点菜员一定要记到脑子里。只要客人一到，服务员就应及时上前问候，然后说："您喜欢的白灼青菜，今天的原料新鲜，您再来一盘好吗？"记住客人的喜好，给他一个惊喜，客人会更加忠实于本餐厅，对本餐厅产生一种回家的温暖感觉。

（三）牢记客人忌讳

对客人忌讳的口味和调味料，点菜员要将其准确地记录在点菜单中。忌讳是指客人对菜品的口味（如对辣过敏）或某些调味料（如葱、蒜、香菜、生姜等）忌口。因此，点菜员要切记，在点菜结束时应询问客人有无忌口，如有，则要在点菜单上标注清楚。

第二节　巧算价格，灵活推销

大多数客人对菜品的价格会比较敏感，作为点菜员，该如何规避价格给客人带来的不快并实现餐厅盈利呢？

一、菜品价格与质量

点菜员应明确菜品销售价格与质量的关系，这是点菜推销的基本原则。任何消费都有一定的价格标准，消费价格标准的高低往往是反映消费形式与消费菜肴档次的依据，消费价格标准的高低主要取决于食材品质的选择与搭配。

（一）商务宴请

对商务宴请，点菜员可以推荐如燕窝、鲍鱼、鱼肚、海参等高品质、高价位的主菜，然后兼顾被宴请客人的地域、饮食习惯、口味爱好和忌讳，以及对各种菜品的偏爱程度，适时地介绍本店的特色菜、创新菜。本着"细菜精做，营养平衡"的原则配以数量不多、价位适中的时蔬小炒。这样不仅能体现出商务宴请者的诚意和实力，说明宴请的重要性，而且能让餐厅提高利润。

对于商务宴请，点菜员可以推荐高品质、高价格的菜

（二）家庭聚餐

家庭聚餐以吃为主，讲究的是实惠。点菜时，点菜员要向客人推荐一些价位适中、做工考究、粗菜细做的菜品。在低价位菜品的食材选择上，辅料要大于主料（例如，荤素搭配时，素菜的量要大于荤菜的量）。菜品的品种、数量、口味要丰富；在兼顾中、低价位的同时，不要忘记照顾老人、孩子和女士的特殊需求。

二、菜品价格与销售

点菜员要灵活运用菜品价格这一工具，对不同客人、不同需求、不同消费档次进行测量，具体包括"巧用份数法""菜肴价格分解计算

法""加权平均法""消费奖励（赠送法）"等销售技巧，以此赢得客人对菜品的认可，从而增加菜品销售数量。

（一）巧用份数法

当客人较多时，只点一盘菜是不够的，特别是大家都偏爱的菜。这时，点菜员应建议客人采取"一菜双卖"（即双份）或"一菜三卖"（即三份）的方式，在取得客人的认可后将菜的份数准确记录在点菜单上。

当大盘菜端上桌时，菜香、味足、量大又实惠，定会令客人满意。这种方式适合人多又希望坐同一桌方便谈话的客人，如久别重逢的朋友、同学、战友之类的团聚就餐等。

（二）菜肴价格分解计算法

有的客人看到高档菜品的价格就会犹豫不决，这时点菜员要学会用价格分解法来推销，如"大家共同品尝这道菜，每人只花十几块钱就能尝到这么有品味的菜，多值啊"。点菜员按人数分解价格，让客人感觉这道菜不再昂贵，客人也就容易接受了。

（三）加权平均法

如有一家三口到餐厅就餐，男士点了价位高的菜，而女士觉得没有外人来，自家人不应该太浪费。这时点菜员在肯定男士点菜的同时，应再介绍一道既美容又价廉的时蔬菜，便可以兼顾二人的选择。点菜员可以说："两个菜一共才花××钱，平均起来更实惠。如果在家里自己做，既做不出这个口味，更享受不到餐厅的服务和氛围。"

（四）奖励法

餐厅的经营有淡、旺季之分。同样，一天之中也有淡、旺时段之别。点菜员可在淡季（时段）来临之际采取消费到一定额度就给予奖励（赠1～4道菜品）的办法，令客人皆大欢喜。这种方法也适合刚开业的餐厅，不仅可以给客人带来惊喜，而且可以给餐厅积累客源，增加收入。

三、巧妙判断客人的消费档次

能否准确判断客人的消费档次是由点菜员的专业知识和职业悟性决定的。

（一）客人身份

通过客人的仪表、谈吐、举止大致判断其身份。例如，客人夹着一个黑色公文包，另一只手拿着手机在频繁地打电话，那么该人可能是老板或秘书。这时，点菜员应主动上前问候："请问您几位，是否有预订？"通过短暂沟通，判断出该名客人的宴请标准和档次。

点菜员要根据客人仪表、谈吐等判断其身份

（二）话语判断

点菜员在工作中一定要处处留心，有时通过客人的一句话就可以判断出客人的消费档次。例如，客人一进餐厅就说："服务员，先来一瓶五粮液，要货真价实的。"由此点菜员就能判断出：该名客人的宴请档次非同一般！这样，点菜员就可以适时地推销一些高品质的菜式，并做到真诚介绍、精心安排。

第三节　观察客人，因人推销

服务员应了解客人的用餐目的，面对不同的客人、不同的用餐形式和不同的消费水准，进行有针对性的推销。

一、按客人年龄推销

（一）儿童

点菜员在为儿童设计和推荐菜品时，要注意以下几个方面的因素。

（1）菜肴要色泽鲜艳，质感鲜嫩易消化，口味清淡无刺激，甜酸适宜。

（2）菜品属营养丰富、易消化的滋补类。

（3）原料的形状要小，便于儿童食用，且刀工精细。

（4）菜肴的烹调方法尽量以爆炒、汤爆、软熘、清炖、水煮、清炸、蜜汁、挂霜等为主。

点菜员可为儿童推荐"韭黄炒鱼子""绿豆芽炒鲩鱼丝""胡萝卜西红柿鸡蛋汤""虾仁扒大白菜""鱼片菠菜汤""黄瓜炒鸡肝""萝卜瘦肉汤""蔬白炒虾米""大骨炖萝卜"等，这些菜式均可助消化、补脑益智，而且营养丰富，有利于儿童生长发育。

（二）青年

青年消费者的特征是身体健壮、精力充沛、追求时尚，喜欢创新菜式。点菜员在为青年消费者推荐菜品时，可从以下几个方面着手。

（1）菜品应体现饮食文化的时尚潮流。

（2）年轻人追求的是吃得"酷"，昆虫、花类、海水蔬菜、山野菜、绿色环保蔬菜备受年轻人的喜爱。

（3）菜品要天天出新，以满足年轻人求新、求异、求时尚的需求。适宜为青年人推荐的菜式包括"油炸蚕蛹""核桃全蝎""野生菌汤""水煮鱼"等。

（三）中老年人

点菜员在为中老年客人推荐菜品时要注意以下事项。

（1）多推荐一些富含优质蛋白的鱼类，多补钙。

（2）多食新鲜蔬菜和豆制品，减少热能的源头——脂肪、糖类，多推荐低脂、高蛋白质的菜品。

（3）菜肴的烹调方法为炖、清蒸、煨制等，有利于补充营养素，排出体内多余的垃圾。

适合为中老年人推荐的菜式包括滋补类菜式，如"鲫鱼炖豆腐""肉丝炒时蔬""盐水排骨""白萝卜炖肉"等；降脂排毒类菜式，如"黑木耳炒白菜""清炒丝瓜""黄花菜炒肉丝"；家常的菜式，如"韭菜炒肉丝""清炒蕨菜""苦菜烧肉片""魔芋豆腐""香椿炒竹笋"等。

二、按客人性别推销

（一）女士注重养颜美容

女性最担心的就是容颜的衰老。点菜员在为女性客人推荐菜品时，应考虑由可防止面部皮肤老化、滋润皮肤的食材组成的菜品。如"草菇炒笋片""红烧皮丝""大葱烧蹄筋""排骨墨鱼煲""银耳鸽蛋汤"等。

点菜员平时应多了解和掌握此类食材，以便在为客人推荐菜品时能运用自如。有助于女士皮肤的滋补、除皱，能调节血液的酸碱度，防止分泌过多油脂的食材包括如下几类。

（1）牛奶。牛奶能改善细胞活性，增强皮肤弹性和张力，去除微小皱纹，延缓皮肤衰老。

（2）肉皮。肉皮中含有丰富的胶原蛋白，能使细胞变得丰满，增加皮肤弹性，减少皱纹。

（3）海带。海带中含有丰富的矿物质如钙、磷、铁及多种维生素，其中维生素B_1、维生素B_2含量

服务员为女士推荐可以美容护肤的菜品

丰富。常吃海带可调节血液的酸碱度，防止皮肤分泌过多的油脂。

（4）西蓝花。西蓝花富含维生素A、维生素C和胡萝卜素，能保持皮肤的弹性和抗损能力。

（5）三文鱼。三文鱼所含的脂肪酸有一种特殊的生物活性物质，这种物质能消除破坏皮肤胶原的保湿因子，防止皮肤粗糙和皱纹的产生。

（6）胡萝卜。胡萝卜富含胡萝卜素，能维持皮肤细胞的正常功能，保持皮肤润泽和细嫩。

（7）大豆。一般指黄豆，富含维生素E，能破坏自由基的化学活性，可抑制皮肤衰老，防止黑斑的出现。

（8）猕猴桃。猕猴桃富含维生素C，可干扰黑色素的生成，有助于消除皮肤上的雀斑。

（9）西红柿。西红柿含有大量的维生素C和番茄红素，有助于消除面部的皱纹，令肌肤光亮细嫩。常吃西红柿能增强肌肤的抗晒能力。

（10）蜂蜜。蜂蜜中含有大量氨基酸且易被人体吸收，并含有多种维生素和糖，常食蜂蜜能使肌肤滑嫩、红润、有光泽。

（二）男士注重补肾益气

随着养生知识的逐渐普及，很多男士在饮食上开始注重补肾益气。所以，点菜员要根据本餐厅的食材，为男性客人推荐相应的菜品。

补肾益气的菜式包括"杜仲炒腰花""枸杞子汁烩排骨""韭菜炒羊肝""虫草炖黄雀""红烧海参""红烧羊肉""爆炒鳝鱼片""椒盐泥鳅"等。

为男士推荐补肾益气的菜品

三、按客人体质推销

（一）体质虚弱者

一般来说，体质虚弱的客人的肠胃消化能力较差，点菜员最好能为其推荐一些好消化、易吸收、暖胃的菜品，如"清蒸鲈鱼"。适合体质虚弱客人食用的食材有鹅肉、牛奶、蜂蜜、芝麻酱、银耳、核桃仁等，点菜员千万不能为其推荐辛辣刺激的菜式。

（二）糖尿病人

点菜员应当为患有糖尿病的客人推荐滋阴清热、补肾益精、少糖、低热能、多优质蛋白和富含无机盐及维生素的菜肴，如"山药莲子大枣炖羊肚"；新鲜蔬菜，冬瓜、豇豆、芹菜和木耳、蘑菇类食材组合的菜式也比较适宜，如"家常南瓜片""瘦肉冬瓜汤""蘑菇扒芥蓝"及各类野生菌汤等。

（三）"三高"客人

"三高"客人是指患有高血压、高血脂、高胆固醇的人群，点菜员可为他们推荐如"葱烧海参""海蜇皮拌黄瓜""香醋拌木耳""煲海参粥""煲莲子粥"之类的菜品。

对于此类客人，点菜员在为其推荐菜品时应注意以下几个方面。

（1）食材应具有疏通血管、稀释和降低血脂、降低胆固醇等主要功能。

（2）应选择燕麦、荞麦、麦麸、小麦、玉米、薏米、高粱米、绿豆等富含植物蛋白和粗纤维的杂粮。

（3）选择新鲜蔬菜，如油菜、芹菜、苦瓜、黄瓜、茼蒿、芋头、土豆、红薯、西红柿等。海鲜品应选择海参、海带、海蜇、海藻类；干果类应选择菱角、花生、莲子、向日葵等。

（4）适宜的水果包括山楂、柿子、香蕉、西瓜、桃子等。

（5）菜式要少盐，口味清淡；油脂少，便于消化吸收，也有利于降低血压、血脂和胆固醇。

四、按客人类型推销

（一）挑剔型客人

在日常工作中，服务员经常会碰到对餐厅"软件"和"硬件"品头论足的客人。对于爱挑毛病的客人，服务员首先要以最大的耐心和热情来为他们提供服务，对客人提出的意见要做到"有则改之，无则加勉；不卑不亢，合理解答"。服务员在推销菜品和酒水时要多征求客人的意见，如"先生，不知您喜欢什么口味的菜，您不妨提示一下好么？我会最大限度地满足您的需求"等。同时，服务员要切记，无论客人如何挑剔，都要以微笑对待他们。

（二）犹豫不决型客人

有些客人在点菜时经常会犹豫不决，不知道该点哪道菜好。从性格上讲，这类客人大部分属于"随波逐流"型，没有主见，容易受到别人观点的左右。在面对这类客人时，服务员要把握好现场气氛，准确地为客人推荐餐厅的招牌菜、特色菜，并对这些菜品进行讲解。

（三）消费水平一般客人

消费水平一般的客人更注重饭菜的实惠，要求菜品物美价廉。服务员在向这些客人推销菜品时，一定要掌握好尺度，要尊重他们，在推销高档菜品、酒水时，要采取试探性的推销方法，如果客人坚持不接受，服务员就要改为推荐中、低档菜品和酒水。

小提示

即便是消费水平不高的客人，也是餐厅的重要客人，餐厅如果厚此薄彼，就会失去这些客人。

五、按消费动机推销

（一）便餐

这类客人的消费特点是经济实惠或快吃快走，不要求品种太多，但要求快。服务员应主动介绍物美价廉、制作耗时较短的菜品，如回锅肉、麻婆豆腐等。

（二）宴请

除结婚、过寿外，还有各种各样的宴请，如迎宾宴、商务宴、会议宴等。这类客人大都讲究排场，菜肴品种要求丰盛，对价格也有一定的要求。针对这类客人，服务员应介绍一些本餐厅的风味名菜，要有冷有热、有荤有素、品种多样，既要菜肴丰富，又能控制在适当的价格范围之内。

（三）聚餐

这些客人往往要求热闹，喜欢边吃边谈，饮酒较多，要求菜品丰富、精细而不太贵。针对这些特点，服务员应主动询问他们的要求和爱好。冷盆和前两个菜的数量可以多一些，后面的菜可以少一些，避免浪费。同时，服务员可多推销一些酒水和饮料。

（四）调剂口味

这类客人大都是慕名而来，想品尝餐厅的特色菜、名菜和名点。这类客人喜欢吃一些平时不易吃到或很少吃到的菜肴，在选料和烹制方面都要有风味特色，不要求快，但要求好。

第四节　不同阶段，区别推销

餐前、餐中或餐后都有很好的销售机会，服务员要善于抓住机会，适时推销。

一、餐前准备的推销技巧

餐厅的产品推销工作从客人走进餐厅的那一瞬间就开始了，从餐厅的装饰与菜品的搭配到餐桌桌面摆台，营销无处不在。

餐厅可以通过以下摆台环节向客人推销菜品：

（1）在菜牌上附上专栏、夹上别的纸张或其他装置；

（2）将酒杯与其他餐具一起摆在桌上；

（3）在餐桌上放置菜品或酒水宣传卡，如好酒论杯计或每月特选等。

这些看似微不足道的细节，可能是客人在走进餐厅以后最先注意到的地方，所以餐厅服务员在餐前准备时就应当从一些细小的环节中挖掘推销技巧。

二、用餐中的推销技巧

绝大多数进入餐厅的客人对自己今天吃什么没有准确的概念。优秀的服务员在与客人短暂接触后，应能准确判断出客人的消费档次，只有判断正确才能有针对性地向客人推销菜点和酒水。

"酒过三巡，菜过五味"，在就餐过程中，服务员不失时机地推销菜品和酒水往往都能够获得成功。

"各位先生，打扰一下，看到大家喝得这么高兴，我也感到很开心。只是现在酒已不多，是否需要再来一瓶呢？"这时在用餐客人中有人就会随声附和："好，那就再来一瓶！"这样酒就很容易地被推销出去了。

三、菜上齐后的推销技巧

菜上齐后，服务员要告诉客人："各位，打扰一下，您的菜已经上齐，请慢用。如果还有其他需要，我非常愿意为您效劳。"这样说有两层含义：一是让客人清楚菜已上齐，请客人核对与所点的菜是否一致；二是提醒客人如果菜不够的话可以加菜。

第五节　拉近距离，情感推销

点菜员要学会察言观色，快速抓住客人的心理，在最短的时间内与客人拉近距离，更好地为客人服务。

一、初次见面寒暄

点菜员在与客人初次见面时应注意自己的举止、仪表等诸多方面。

（一）从正面与对方目光相交

点菜员的眼神应是坦然、和善、热情的，注视范围在以对方双眼为底线、唇部为顶角的倒三角形区域内，这种正面与对方目光相交的注视会令人感到舒服且有礼貌。

（二）身体略向前倾，面带微笑

身体略向前倾表示友善、谦恭。微笑是真诚、热情、友好、尊敬、赞誉的象征。

（三）精神饱满地与客人交流

点菜员与客人交流时，应保持精神饱满的状态，在满足客人需求的同时，随时准备回答客人的疑问。

（四）根据表情确定寒暄内容

根据客人的不同表情，点菜员与其寒暄的内容也不尽相同。

（1）对于喜上眉梢的客人，点菜员可以微笑着问候客人"您好"。

（2）对于忧郁、闷闷不乐的客人，点菜员应主动问候："天气冷，您到里边靠暖气的位置坐下点菜可以吗？"这种关心客人的态度，可以让客人忧郁的心情有所缓解。

（3）激动的客人多半是战友、同学、同乡久别重逢，点菜员要以祝贺的语气欢迎大家到餐厅就餐。

（4）对于表情严肃的客人，点菜员与其寒暄时要真诚且适度，如果频繁与其交流，就会引起对方的反感。

二、与客人快速交往

（一）态度自然得体

点菜员自然得体的外在表现是根据客人的消费目的、就餐主题，站在客人的角度介绍菜品，引导客人消费。

小提示

点菜员不能将自己的意愿和喜好强加于客人，也不能放任客人超出自己的支付能力乱点菜品。

（二）获得对方的信任

在人际交往中，要想获得对方的信任，主要取决于自身的诚实态度，点菜工作也是如此。点菜员要处处替客人着想，熟悉客人的饮食习惯、口味爱好。

点菜员在推荐菜品时，要十分尊重客人的选择，在菜式组合上要做到口味各异，烹调方法多样，价格要高、中、低档兼顾，营养要荤素搭配合理。

（三）与对方步调一致

点菜员要领会对方的意图，迎合对方的喜好，顺应对方的需求，向其提供相关的菜品信息，并对菜品进行介绍，使客人对菜品产生兴趣和购买欲望。

（四）迎合对方的喜好

在点菜过程中，点菜员会发现女士喜欢甜食，老人喜欢酥烂食品，小孩子喜欢酸甜口味的菜品，年轻人喜欢追求新、奇、特和时尚潮流。点菜员要迎合不同人群的喜好，有针对性地介绍相关菜式。

（五）不断寻找突破口

所谓寻找突破口就是抓住点菜的关键时机。点菜员如何在短时间内抓住点菜时机的切入点呢？常见的突破口如图5-1所示。

商务宴请	●	以就餐主题、宴请目的作为点菜时机的切入点
接待外地客人	●	以推销本地特色菜为切入点，既体现了本地的地域文化、饮食习俗，又表现了东道主的热情和诚意
私企老板	●	以赞扬其经济实力作为切入点
家庭就餐	●	以女士或孩子的需求作为突破口

图5-1　常见的点菜突破口

三、快速抓住客人心理

在了解寒暄技巧的基础上，点菜员还要能够快速抓住客人心理，与客人迅速拉近距离。

（一）看点菜人是否是容易接近的人

如果点菜人是容易接近的人，他就会比较容易接受点菜员推荐的菜式。

（二）看点菜人对事物是否有持续态度

有持续态度的人会追求一桌菜的和谐和完整，更容易接受点菜员的建议。

（三）看点菜人的态度是谦虚还是傲慢

点菜员向态度谦虚的客人介绍菜式时要真诚、谨慎、仔细。面对傲慢并炫耀气派的客人，点菜员要先表示钦佩他的实力，从高档菜开始推荐，然后介绍创新菜肴。

（四）看其他客人的表情和目光

在席面上，如果有的客人紧皱双眉，就说明他不喜欢已点的菜品，或有难言之隐。这时点菜员可主动提示大家有无特殊要求、是否有忌口等。

（五）判断点菜人的身份地位与支付能力

客人的身份决定了他的社会地位，明确了他的身份地位即可推断出他的支付能力。点菜员要有针对性地推荐适合这部分人群的菜品。

四、与客人接触的关键点

点菜员要把握住与客人接触的三个关键点。

（一）诚恳地自我介绍

点菜员应以大方、端庄的姿态走到客人面前，并进行自我介绍："我是××餐厅的点菜员×××，很高兴能有机会结识各位！现在由我来为各位服务。"

（二）准确地回答疑问

对于客人提出的各种问题，点菜员应给予准确的回答。回答问题的过程既是客人与点菜员有效沟通的过程，也是双方建立信任的过程。点菜员的风度、气质、神态非常重要，要能够使客人消除疑虑，认可点菜员的专业技能。

对于客人提出的各种问题，点菜员要给予准确的回答

（三）摸清客人喜好

在与客人近距离的交谈中，点菜员要尽快了解客人的喜好。如客人是喜欢清淡的菜肴，还是喜欢辣味的菜式；是喜欢海鲜，还是喜欢蔬菜等。了解到这些情况，点菜员就能为客人准确推荐满意的菜肴了。

案例

一天，两位衣着讲究的客人来到一家高级粤菜餐厅用餐。餐厅内装潢华丽，舞台上还有演员为客人们演奏民乐。

服务员为客人端上茶水和香巾后，点菜员便递上菜单等候客人点菜。其中一位女士看了看菜单后问道："小姐，你们这里有没有红烧鲤鱼？"

"对不起，女士！今天正好没有这道菜，红烧类的高级菜肴有'红烧鲍鱼'。这是我们餐厅的风味菜，也是今天指定的推销菜，欢迎两位品尝。"点菜员面带微笑地推荐着。

"我就喜欢吃红烧鲤鱼，什么指定推销与我们没有关系。难道不点鲍鱼就不能在这里吃饭吗？"

"女士，我不是这个意思。我是想让你们品尝一下地道的粤式风味。我推荐的这道菜，口味比红烧鲤鱼要好得多，何况在哪里都可以吃到红烧鲤鱼，但只有在高级餐厅才能吃到鲍鱼。您二位来到我们餐厅用餐，难道不想尝尝正宗粤菜厨师加工的菜吗？"点菜员继续不厌其烦地向客人推销。

"我们要想吃正宗鲍鱼就不到这里吃了。广东的鲍鱼都是正宗的，你这样推销就是看不起我们。既然没有红烧鲤鱼就算了吧。"客人说完，站起身就走了。

点菜员不知所措地望着她们的背影，她实在想不通为什么客人会拂袖离去。

上面这个案例中的点菜员虽然能够不失时机地向客人推荐餐厅当日特色菜，但服务意识不强，推销方法显得很机械，因此得罪了客人。

第六节　掌握技巧，快速推销

点菜员的销售技巧是点菜技巧的延续，实现销售的核心要点则是贯穿于整个点菜过程中的。

一、赞美性销售

点菜员在赞美和肯定客人消费的偏好时，措辞要适度，可赞美如下几个方面。

（一）赞美客人懂菜

当客人说出自己喜爱的菜时，点菜员可赞美客人有眼力。例如，"先生，您真是一位美食家，这道菜是我们餐厅的招牌菜，是销量最高的一款菜品！"

（二）赞美客人的风度气质

面对着装有品位、说话有亲和力的客人，点菜员要赞美客人是事业成功的人士，夸赞其气度不凡。例如，"您真有气质，不愧是一位职场精英！"

（三）赞美客人的品质修养

如果点菜员在服务工作中出现失误，面对那些非但不责备，还鼓励自己以此为鉴的客人，点菜员要真诚地说："对不起，由于我的失误，给您带来了麻烦和不便。您不但不责备我，还鼓励我继续努力，谢谢您的包容！"

（四）赞美客人的家人

如果客人是家庭聚餐，点菜员可赞美孩子聪明、老人慈祥、妻子贤惠等。例如，"您的孩子真聪明，歌唱得真好！"

（五）语言应适度，不能虚假吹捧

如果客人尚未点菜，点菜员就吹捧"一看您就是美食家"，会因为夸奖"太假"而使客人不知所措甚至反感。

通过适度的赞美，应该使客人产生愉悦感和自豪感，从而对点菜员的销售工作给予支持。

二、建议性销售

点菜员开展建议性销售时要把握好时机，体现出自己的专业水平，并把握好建议的尺度。

（一）体现专业水平

如果客人在点菜时求助于点菜员，点菜员就要展示出自己的专业水平，提供符合客人需求的建议和推荐。

（二）把握好建议性销售的时机

看到张总又请了很多朋友来餐厅就餐，点菜员小王在很有礼貌地问候之后，诚恳地建议说："张总，您是我们的常客，今晚介绍两道新菜给您和您的朋友，好吗？"

抓住新客人初来就餐的时机，点菜员用商量和征询的语气向客人推荐菜品，会使客人倍感亲切。

（三）把握好客人接受建议性销售的尺度

一般来说，消费水平较高的客人关注的是菜品原料的质量和新鲜与否，消费水平较低的客人更喜欢询问菜的价格和菜量的多少。

当客人点了"清蒸大闸蟹"或一瓶茅台酒（强调必须保真）时，点菜员就应意识到该客人请客的档次不会低，肯定是高档的宴请。在点菜员组合菜品时，价格上要以高档为主，同时兼顾中、低档菜品，在保证美味的同时实现了膳食平衡、营养互补。

三、组合性销售

组合性销售的关键是把客人喜爱的菜品进行组合，使菜品的搭配更美味、更营养、更经济。采取组合性销售策略的关键是运用菜式搭配技巧，保证菜品味型多样，烹调方法各异，营养平衡，并按宴会的不同性质组合菜式。

（一）中餐菜品的组合性销售

中餐包括冷荤菜、主菜、热炒菜、甜菜（包括甜羹）、汤类、点心等。中餐菜品的组合主要针对宴会而言。

对于不同性质的宴会，菜品组合性销售的技巧也不同。

（1）高档商务宴会的菜式组合为：冷盘、冰爽刺身、经典主菜（大菜）、热菜中炸制菜品（不影响造型）、鱼、肉、小炒类、时蔬类、甜菜、汤、主食。

（2）喜庆宴会的菜式组合为：8个冷盘、主菜（全家福）、炸制菜品、鱼、鸡、虾、肉（肘子）、四喜丸子、小炒类、甜菜品等主食。

（3）丧事聚餐的菜式组合为单数，必须有白豆腐，忌搭配咕老肉或用番茄汁制作的红色菜品。

（4）谢师宴的菜式组合应以补脑和清淡菜式为主。

（5）中档消费和一般消费菜式组合及主菜价位要根据客人的消费能力和需求爱好而定，没有硬性规定。

（6）在组合性销售中，点菜员要高、中、低档合理搭配菜品。以使菜式安排更合理、更完美。

在组合性销售中，注意菜品合理搭配

（二）西餐菜品组合性销售

西餐菜品包括开胃品、汤、主菜和甜食几大类。

（1）开胃品是指少量的起开胃作用的面包、黄油、冷菜或沙拉等。

（2）汤是指起到开胃作用的味道鲜美的汤菜。

（3）主菜包括海鲜和肉类，同时配有解腻作用的开胃小碟。主菜往往量大形整，造型讲究，可将就餐气氛推至高潮。

（4）甜食包括甜沙拉、水果、奶酪、甜点心及饮料等，可起到暖胃和助消化的作用。

点菜员需要注重菜点搭配的比例。一方面，一桌菜品中的冷盘、大菜、热炒、时蔬、汤、点心的价格在整桌菜的价格中所占的比例要适当，以保证一桌宴席中各类菜品的档次均衡，防止冷盘档次过高、热菜档次过低；另一方面，消费档次的不同，菜点种类也应随之发生变化。

四、将菜点和酒水结合销售

在餐饮消费中，通常是以啤酒和冷盘、卤水类结合为宜，红酒、葡萄酒和甜品菜肴或清淡菜点结合为宜，竹叶青酒和海鲜类结合为宜，白酒和肉菜类、热菜类、干果类结合为宜。

五、规避负营养剔除性销售

负营养是指由于饮食不均衡而引起的蛋白质、脂肪在人体内的营养过剩。对于不同年龄、不同体质的客人，点菜员在介绍菜品时要明确提示其应规避负营养。

点菜员应该对肥胖人群、女士和年长者提出如下建议及忠告。

（1）对脑力劳动者要剔除过多的素菜或素食类食品，增加蛋白质含量高的海鲜类、肉类、禽类或以肉质为食材的菜肴，但口味要清淡些。

（2）对爱美的女士要剔除刺激过多的辛辣菜肴，增加胶质蛋白较多的滋补类菜肴，以达到美容养颜的目的。

（3）对糖尿病人要规避含糖量高的甜菜、甜点类食品，减轻胰腺的负担。

点菜员要因人而异，剔除对客人身体有害的菜肴，保证既为客人提供美味菜品，又能为其带来健康的超值享受。

六、描述性销售

为了引起客人对美食的兴趣，点菜员要用生动的语言描述菜品的典故、寓意等。如"状元豆腐"，相传在南宋，应考的书生都住在一条出了名的状元街巷中。有一位书生家境贫寒，每天只能吃一位老婆婆卖的豆腐充饥，谁知他后来竟中了状元，于是"状元豆腐"也就出了名。

这道菜寓意金榜题名。高考前期，家长都愿意给孩子点这道菜，就是为了图个吉利，希望自己的孩子能考出好成绩。

七、借力销售

点菜员可借助餐厅的名气、节假日的促销活动、金牌获奖菜的美名等向客人推荐相应的菜式，这样会得到事半功倍的效果。

（一）借助餐厅的名气推销

沈阳鹿鸣春是历经百年沧桑的老字号，其名字"鹿鸣春"取自《诗经·小雅》，有着浓厚的历史文化韵味。每次接待外宾时，点菜员都要介绍店名的来历，对推荐高档菜肴起到了强化作用。

鹿鸣春的"富贵香鸡"就是在"常熟叫化鸡"的基础上，在名厨的指导下，用环保、绿色的工艺手法对菜品进行大胆创新，受到了海内外宾客的一致好评。

（二）借助节假日的促销活动推销

推销菜品时，点菜员不要忘记向客人传递餐厅的促销活动信息。节假日的促销举措、美食节期间创新菜的信息、店庆时的优惠信息，这些都会引起客人再次光临的欲望。

（三）借助金牌获奖菜推销

例如，某餐厅的"游龙戏凤""凤眼鲜鲍""兰花熊掌""红梅鱼肚"曾获得××美食节大赛金奖，该系列菜品食材珍稀、加工精细，给客人留下了难以忘怀的味觉享受。点菜员在介绍和推荐此类菜品时之所以十分顺畅，正是因为借助了金牌获奖菜的品牌效应。

餐厅员工优质服务

导语：

　　对于优质服务，每家餐厅都有自己的理解，如微笑服务、周到服务、超值服务等。优质服务的最基本要求就是最大限度地满足客人需求。

章六第

餐厅员工服务

第一节 满足个性服务

一、客人要求自己加工食品

如果客人在就餐的过程中要求自己加工食品，服务员应根据具体情况及餐厅相关规定酌情处理。

案例

在一个暑热未退的晚上，某粤菜餐厅里来了六男一女。点好菜后，他们便开始"围攻"那个坐在女孩身边的男人，吵闹着要他讲讲追女孩的故事。那个男人拗不过大家，只好看着低头微笑的女孩讲了起来。讲到后面，那个男人骄傲地对大家说："小洁不仅年轻、漂亮，还会烧一手好菜呢！最拿手的就是酿豆腐，那个香呀，想想都流口水。"男人停下来，看了一下大家，故意叹息说："唉！可惜你们尝不到呀。"听他这么一说，大家都露出了失望的神情。

突然，其中一个男人大声提议道："让小洁现在就给我们做酿豆腐如何？"一句话点醒了大家。"好啊，好啊。"大家一致赞同。那个男人看了看身边的女孩，还是一个劲地笑，没有反对的意思。刚才负责点菜的那个男人见状，马上招手叫服务员过来。"小姐，我们这位小洁小姐是位做菜的能手，现在想借用一下你们的厨房。麻烦你带她去一下，好吗？"服务员一听，犯难了，之前从没有客人提出过这样的要求。要是让客人进厨房自己做菜，我们的厨师岂不是要失业了？那位男客人见服务员站在那里皱眉，便不耐烦了，对她说："你要是做不了主，就让经理来吧，别站在这里像木头一样。"见客人不高兴，服务员赶紧找来了经理。

经理过来后，对客人们笑着解释："各位先生的提议真是挺特别的。不过我们餐厅还没开过这样的先例，而且厨房重地，就连我们都不能随便进入。况且这位小姐穿着这么讲究、斯文，要是为了炒个菜，把一身漂亮的衣服弄脏，就得不偿失了。小洁小姐，您觉得我说的对吗？"客人们这才注意到小洁今天穿了套漂亮的衣服。小洁听到经理这么说，也开始心疼自己这套新衣服了。这个提议就这么轻而易举地被经理挡了回去。

为了不让客人失望，经理让服务员取来两瓶冰冻的啤酒，免费送给那桌客人。年轻人本来就爱喝啤酒，再加上天气炎热，看见冰冻啤酒就更高兴了，纷纷夸奖这位经理。

如果让客人下厨，势必会扰乱厨房的正常工作秩序，也会影响到其他客人。服务员要学会从客人的角度劝说其放弃这个念头。

二、客人自带食品要求加工

有时客人会自带一些食品要求餐厅加工，这是一件正常的事，餐厅应尽量满足客人的需求。

如果客人所带原料是本餐厅没有的，餐厅应接受并予以加工，可收取一定的加工费，不过要注意其原料是否属于保护动物或变质与否。如果属于保护动物原料或变质原料，餐厅应予以回绝。如客人自带的是野生菌或野生植物以及不常用食品，餐厅必须提前做好预防工作，可以留下样品以备查验。

如果客人自带食品要求加工，服务员要尽量满足客人要求

小提示

服务员必须当着客人的面，鉴定一下客人所带食品的质量，以免加工以后，客人提出食品品质方面的质疑，从而引起不必要的麻烦。同时，餐厅也可以事先同客人签订免责协议。

如果客人所带原料在本餐厅厨房已有现货，服务员应婉言回绝加工需求。如果客人一再坚持，服务员可以同意，但需要收取加工费。

三、客人需要代管物品

有的客人在餐厅用餐后，会把没有吃完的食品或酒水请服务员代为保管。服务员应妥善处理这种情况，不要引起客人的误会。

服务员可运用下列几种办法解决这个问题。

（1）耐心地向客人解释，说明食品与酒水关系到健康问题。为了防止出现意外，对客人负责，餐厅一般不宜替客人保管物品。

小提示

在替客人保存食品之前，服务员要将食品包好，写好标签，放到冰箱内。服务员之间也要交代清楚，以便客人来取时，能够及时准确地将食品交给客人。

（2）如果客人要去办其他的事，要求临时将食品存放在餐厅一段时间，办完事后再来取，服务员可以请示领导，得到批准后为客人代存。

（3）客人要求保存剩下的酒水，餐厅应根据酒的种类和客人的具体情况酌情处理。

从经营的角度来说，客人在餐厅存放酒水，说明对该餐厅感兴趣，对餐厅的菜品和服务都很满意，有常来的意思。

案例

有一天，某公司老板王总在一家高级餐厅宴请客户。由于宴请的客人很重要，王总特地点了50年酒龄的红酒。酒过三巡、菜过五味，转眼三瓶酒即将见底。服务员小丁一看，再拿一瓶肯定喝不完，不拿酒客户又兴致未尽。思考之后，她对着耳麦轻轻说了几句。

不一会儿，宴会结束了。王总去收银台结账时问服务员小丁："今天我们喝了几瓶酒呀？" "3瓶！" "不对吧！明摆着4瓶嘛！" "王总，有一瓶是您上次来时存在我们这里的。" "哦？！太好了！"

在替客人保存物品时，餐厅一定要对客人及其物品负责。只有做好以下各项工作，餐厅才可以获得客人的信任，吸引客人常来。

（1）葡萄酒类的酒水，开瓶后不宜保存过长时间。假如客人要求餐厅保管剩下的葡萄酒，服务员可以答应，但应提醒客人记住下次用餐时饮用。

（2）如果客人要求保存的是白酒，服务员将白酒放在酒柜里即可，要记得上锁并由专人负责。

（3）在为客人代管的酒品上要挂客人的铭牌，并放在专用的冰箱里。冰箱应有锁，由专人负责保管。

四、客人需要借用充电器

一位客人的手机在用餐过程中没电了，于是他询问服务员餐厅内有没有充电器，我们来看看以下不同的处理方式。

（1）对不起，我们这里没有手机充电器。

（2）对不起，我们这里没有您这种型号的充电器。

（3）对不起，我们这里没有您这种型号的充电器，但是我可以帮您找找看。两分钟后过来告知："对不起，确实没有办法。"

（4）对不起，我们这里没有您这种型号的充电器，但是我可以帮您找找看。结果从同事那儿借到或在最近的商场买来，客人用后，收回备用，不浪费。

关于充电器这一问题，不同的处理方式会产生不同的结果。第四种处理方式体现了餐厅员工的主动服务意识。有些时候，餐厅确实很难满足客人的所有需求，但是可以让其从心理上得到另外一种满足。关键是服务员要有一种为客人着想的意识。

第二节 打造特色服务

随着人们生活水平的提高，客人对餐饮服务的需求已不仅仅是吃饱、吃好，他们更需要人性化、个性化的特色服务。

一、引入机器人服务

在用人成本逐渐攀升的时代，随着AI技术的发展，机器人在餐饮、商场、酒店等经营场所中开始占据一席之地，帮助人们完成最基本的、重复性的工作，使员工有更多的时间和精力与顾客开展互动。

目前，餐厅机器人主要有迎宾机器人、点餐机器人、送餐机器人等。迎宾机器人能够实现智能迎宾，播放渲染餐厅气氛的音乐；点餐机器人能够实现智能语音自助点餐，语音推荐特色菜，并根据客人需求点餐，云同步到厨房显示器；传菜机器人能够将菜品精准送到客人所在餐位，同时具有回收餐具等功能。

（一）热情礼貌的迎宾服务

迎宾机器人在门口感应到有人进来后，会主动向客人问好，还会主动介绍该餐厅的特色和亮点，起到烘托氛围的作用。

PEANUT引领机器人在餐厅大堂接待客人后，会立即转身，方便客人在其UI广告屏上选择就餐区（包厢/桌号），待客人选择完毕，它会立即引领客人前往目的地。万一碰到有人挡路，它还会说："对不起，请让一让，我在工作。"到达目的地后，它会停下来语音提醒客人就座，然后按照规定的路线返回起点。

引领机器人在给客人领路

（二）精准流畅的送餐服务

传菜机器人能根据工作人员设置好的送餐路线和指定位置进行准确送餐，并播放客人喜欢的音乐，还会与客人进行交流，在提高送餐准确率的同时让客人更加舒适愉快地用餐。

智能机器人可以根据桌号传菜，每次能传一桌菜（或同时为多个餐桌送餐），机器人跑一趟相当于服务员跑两三趟。服务员选好桌号，轻轻一点，机器人便能准确地将菜肴送到相应的桌位上。等菜肴被端上餐桌后，服务员只需轻轻抚摸一下机器人的头部位置，机器人便能自主回到原地等待下次送餐任务。机器人自主避障系统避免了汤汁洒出、高峰期碰撞的发生，基本上能够做到零失误。

传菜机器人一次能送多道菜

机器人传菜

（三）体验舒适的包厢服务

包厢中的客人在需要服务的时候，都要叫服务员进来沟通，整个就餐过程中可以需要反复多次。这对于客人的体验是极其不佳的，餐厅也增加了时间和人工成本。引入餐厅机器人以后，每个包厢只需要一个机器人，当客人有需要的时候，只需给机器人明确下达指令，服务员就能接到指令直接把客人需要的东西送到包厢。

小提示

餐饮业的服务升级已经迫在眉睫，人机搭配可大幅提高工作效率，提升服务水平，吸引更多的新老顾客。

二、提供个性化餐位和菜单

客人到餐厅用餐有多种目的，包括家庭聚会、生日聚会、商务宴请，以及朋友、情人之间的聚会等。餐厅要能够根据这些客人的构成和特点准备各具特色的服务设施。

客人在预定餐位时一般会主动说明需要什么样的餐位，有什么特殊要求。如果客人没有说明具体要求，负责预定的服务员应主动询问聚会类型，并在预定记录中备注说明。

个性化的菜单也尤为重要。菜单作为客人在餐厅用餐的主要参考资料，起到向客人传递信息的作用，客人从菜单上可以知道餐厅提供的菜品和酒水的价格。客人还可以从菜单的设计、印制上感受到餐厅的文化品位。

餐厅可以将当日例汤、当日特菜与当天（如某个节日）相配的问候语印在菜单第一页的顶部，这样能使客人感觉到他们享受的是最新服务。

三、时刻留心观察客人

在客人就餐时，服务员要注意观察客人有什么需要，主动上前提供服务。有的客人喝完一杯葡萄酒后想再买一杯，他环顾四周，服务员却没有明白客人的用意而主动上前，客人因怕麻烦就不再购买了。所以，服务员应在客人的酒杯空了以后，主动上前询问客人是否再来一杯。

四、为顾客提供超值的服务

服务员需要具备较强的察言观色能力，才能为客人提供人性化的服务。

例如，服务员发觉进店的客人感冒了，可以主动提供热水、姜汤等；察觉到客人喝醉酒了，可以为客人送上一杯醒酒茶，等等。

第三节　注重走心服务

　　餐厅服务员唯有站在客人的角度提供细节服务，才能真正打动消费者的内心，得到他们的认可。

一、应季的免费茶水服务

　　消费者去餐厅就餐，刚落座时，有的餐厅会送来免费茶水，有的是一杯白开水，有的是一杯凉爽的柠檬水，有的餐厅则什么也不给。餐厅管理者也许觉得这是一件小事情，但消费者心里的感受却大不一样。要知道，在消费者的心中，除了菜品，服务已经成了他们是否再来这家店的重要因素之一。

　　在炎热的夏天，餐厅服务员可以端给客人一杯冰冰的、酸酸的柠檬水；在寒冷的冬季，餐厅服务员可以给客人送上一杯热腾腾的姜枣茶。

二、杜绝浪费的打包服务

案例

　　新年快到了，在一家热闹的火锅店里，有一大家子人在包间里聚餐。其中，有老人，有孩子，一共八个人。他们点了一大堆肉和蔬菜，还有很多酒水。

　　吃着吃着，奶奶说话了，她说："现在的生活真是好啊，想吃什么都有，哪像我们年轻的时候，穷得连玉米面都吃不起啊！今天点了这么多菜，咱们可不能浪费了。要是吃不了，就打包带回去！"

　　众人听了一致表示赞同，他们开开心心地一边聊天一边享用着美食。过了一个多小时，大家都觉得吃饱了，可桌上还有很多蔬菜和生肉，老太太的孙子走出包间，找到服务员，询问有没有餐盒可以将食物打包带走。服务员立即答道："有的，请稍等！"

很快，服务员拿来了一摞精美的餐盒。大家凑近一看，餐盒上写着"文明餐桌反对浪费"的字样。服务员帮他们把剩菜都装进了餐盒里，还套好了袋子，微笑着对他们说："根据我们店的规定，凡是做到不浪费饭菜的客人，都能够到前台免费领取一份小纪念品。一会儿你们可以去看看！"

这家人高兴地来到前台，发现纪念品中既有小孩的玩具，也有实用性很强的布书包，还有一些精美的小扇子。四岁的小男孩选择了一辆上发条的汽车玩具，开心极了。

就这样，一家人在餐厅迎宾员"欢迎下次光临"的声音中结束了一次愉快的聚餐。

如果客人点了很多菜却吃不了了，针对这种情况，餐厅可以做出以下对策。

（一）为客人提供打包服务

当客人提出要将剩下的饭菜打包时，服务员要及时回应，并帮助客人将饭菜打包，不能说"我们没有这项服务"，或用异样的眼神让客人感觉难堪。

除此之外，服务员还可以提醒客人哪些食品需要尽快吃完，哪些食品可以短时间存放，这样的提醒也会赢得客人的好感。

（二）在餐厅醒目位置粘贴提示语

餐厅可以在醒目位置粘贴一些提示语，如"剩菜打包，减少垃圾"或"请勿浪费，否则加收管理费"等。有了这些提示，客人在点餐时也就会注意，不会点很多自己吃不完的食物，这样也可以在一定程度上减少浪费现象。

（三）对客人进行适当奖励

不少餐厅都会对不浪费的客人进行适当奖励，这也是个好办法，可以促使客人将自己餐桌上的饭菜吃干净，并将剩菜打包。

有一家餐厅向客人承诺，凡是没有浪费食物的客人都可以在用餐结束后参加抽奖，奖品是一些钥匙扣、手提袋、手机链等非常实用的小礼品。自从开展了这项活动之后，这家餐厅食物浪费的现象就大大减少了。

（四）提供精美的包装盒

许多餐馆打包饭菜时只是用饭盒装好，再把饭盒装进透明塑料袋中。殊不知，有的客人需要提着这个塑料袋乘公交车，也许有的客人还要去见朋友，提着一个饭盒既不方便也不体面。如果餐厅能将塑料袋换成精美的纸袋，就免去了客人的尴尬。

三、贴心的洗手间服务

把服务细节做到位的餐厅，不仅是对客人吃饭的地方讲究，更是对洗手间做到了细心。

在有些餐厅的洗手间的墙上，你能看到一个袋子，其中装有各色的线和缝衣服的针，这是为了客人在裤子拉链坏了、衣服破了或扣子掉了等特殊情况时避免尴尬。其实能用得上这些针线的概率特别小，但这样细致周到的服务的确让人感动。

还有些餐厅会在洗手间里为女性客人准备热水、头绳、护手霜，甚至是卫生巾，让女性消费者产生了很强烈的信赖感。

四、餐桌上的意见卡服务

很多餐厅会在餐桌上放一张别致的意见卡，上面工整地印着"您最喜欢哪道菜""您对哪些地方不够满意"等内容。客人吃完饭，在等服务员结账的时候，就可以填写意见卡，使餐厅能迅速掌握客人的意见。相较于一些餐厅由服务员拿着意见本找客人打分的做法，填写意见卡既方便又快捷，还能让真心提出意见的客人不会感到尴尬。

第四节　提供特殊服务

一、为醉酒客人服务

餐厅中经常会有一些喝多了的客人，有的人趴在桌上酣睡，有的人不受控制地高声叫喊，有的甚至发酒疯、摔餐具、骂人、打人。面对这种情况，服务员应该怎样做呢？

（1）给醉酒客人端来糖水、茶水解酒。餐厅也可备些解酒药，供客人服用。

（2）客人呕吐时，服务员不能表现出皱眉、黑脸等容易激怒客人的动作和表情，而是要赶紧将污物清理干净。

（3）建议呕吐的客人吃些面条、稀饭等流食。

（4）如果客人发酒疯，服务员应请在座的其他客人给予劝阻，使其安静下来。

（5）如果客人醉酒打烂了餐具，服务员应准确清点，让客人照价赔偿。

（6）如果服务员发现醉酒者出现呼吸困难等紧急状况时，应立刻拨打120，或将客人送往医院。

（7）服务员或值班负责人员应将事故及其处理结果记录在工作日志上。

在团聚宴会中，服务员可以礼貌而婉转地劝客人不要喝太多

（8）如果发现有的客人在喝闷酒，服务员同样要温和、婉转地劝其少喝些，并可以适当地与客人交谈几句，说一些宽心和安慰的话。

某餐厅的一角，一位神情沮丧的男士正望着窗外发呆，他面前的餐桌上放着十多个空酒瓶。过了一会儿，男士叫来服务员说："小姐，再给我拿半打啤酒过来。"年轻的服务员看着桌上的空瓶和客人醉醺醺的样子，委婉地提议说："先生，您的菜都还没怎么吃呢，不如我拿到厨房再热一下。您已经喝了不少酒了，先吃点东西垫垫肚子要紧呀。"一番关心的话让这位客人感动不已，他含泪向服务员说："三年前，我就是坐在这里向我妻子求婚的。但是今天，我成了鳏夫。我的妻子遇到车祸，走了！"说完，他竟当众掩面哭了起来。年轻的女服务员没想到自己好心的劝慰，竟然惹哭了眼前的这个大男人，惊得她站在那里不知如何是好。

过了一会儿，男士停止了哭泣，睁着一双泪眼看着服务员，顺手将杯子里剩下的啤酒倒了一半到一个空碗里，将碗递给服务员说："陪我干了这一杯吧，小姐。"女服务员看着递过来的那半碗酒，接也不是，不接也不是，非常为难。上班时间喝酒肯定是违规的，何况自己也不会喝酒，但这位先生很伤心，一口拒绝一定会使他更伤心的。怎么办呢？服务员灵机一动，只见她将碗接过来，跟男士碰了碰杯，一边将碗里的啤酒慢慢地洒在地面上，一边说道："这碗酒给您过世的太太喝，愿她永远安息！"男士听了，点了点头，将杯中酒一饮而尽。

二、为残疾客人服务

残疾人最忌讳别人用异样的眼光看待他们，餐厅服务员一定要用平等、礼貌、热情、专业的态度为他们服务，尽量将他们安排在不受打扰的位置。

（一）盲人客人

为盲人客人提供服务时，服务员的具体做法如下。

（1）服务员为其读菜单，并给予必要的菜品解释；同时在交谈时，避免使用带有色彩性的词。

（2）每次提供服务前，服务员应先礼貌地提醒一声，让客人有所准备。

（3）送上菜品后，服务员要告诉客人什么菜放在哪里，不可帮助客人用手触摸菜品。

（二）肢体残疾客人

为肢体残疾客人提供服务时，服务员的具体做法如下。

（1）服务员应将客人安排在角落、墙边等有遮挡面，能够遮挡其残疾部位的座位上。

（2）帮助客人收起代步工具，在客人有需要时可帮助客人脱掉外衣。

（3）客人需要上洗手间时，服务员要帮助客人坐上残疾车，将其推到洗手间外。如果需要进一步服务，可由与客人同性的服务员继续为其服务。

（三）聋哑客人

对于聋哑客人，服务员要学会用手势示意，并细心观察揣摩，可以利用手指菜肴的方法征求客人的意见。

在为残疾客人服务时，服务员有如下几个注意事项。

（1）在为残疾客人服务时，服务员既要表现出热情、细致、周到的服务态度，又要做到适可而止。有的残疾人不愿意别人特殊看待他，所以服务员要注意不能热情过度或提及残疾方面的词语，给予客人既温暖又受到尊重的感觉。

案例

一位脚有残疾、坐着轮椅的客人进入餐厅就餐，服务员小彭非常热情地帮助这位客人靠近餐桌、倒茶和点菜。由于这位客人点的菜比较多，最初上的菜还能放在他伸手可以够到的地方，后来上的菜离得远些，这位客人夹起来就很困难了。

服务员小刘见状，立即上前帮忙夹菜，这位客人很客气地说要自己夹。小刘认为帮客人是应该的，也没理会客人，还是帮客人把菜夹了过来。客人的脸一下子就沉了下来，说："谁要你夹了！"随即他很不高兴地付了账，然后愤然离去。

（2）在为残疾人提供结账服务时，服务员要耐心地向他解释账单，有时可以逐项累加，计算菜价。

（3）服务员不要帮客人从钱包里拿钱，以免引起不必要的误会。

三、为带小孩的客人服务

如果客人带小孩来餐厅用餐，服务员要给予他们更多的关注和照顾。服务员可以从以下几个方面照顾带小孩的客人。

（1）服务员要主动拿来儿童专用椅，使小朋友坐得更舒适一些。

（2）在桌上不要摆放刀、叉等餐具，应把易碎的糖盒、盐瓶等物品挪到孩子够不着的地方，以免发生意外。

（3）如果有儿童菜单，就要请家长先为孩子点菜，点了菜之后，可以先给孩子上菜，儿童菜单上的菜要软、烂、易消化。

（4）儿童餐具要安全，一般可以使用金属或塑胶及木制产品，尽量不要选择玻璃制品。服务员给孩子倒饮料时，不要用太高的杯子，最好用短小的餐具，方便其使用。

服务员一定要特殊照顾带小孩的客人

（5）尽可能为小朋友提供围兜、新的坐垫和小礼品，这样会使孩子的父母更开心。

（6）如果小朋友在过道上玩耍，打扰了其他客人的正常用餐，服务员要提醒他们的父母，以免发生意外。

（7）孩子用餐完毕后，服务员可以给孩子提供一些简单的玩具供其玩耍，或帮助家长照看一下小孩，方便大人用餐。

案例

一天，某餐厅来了几位带小孩就餐的客人。半小时后，小孩吃得差不多了，几个年纪相仿的小孩便跑到一起玩耍，整个餐厅顿时吵闹起来。他们的父母只是提醒孩子不要跑来跑去，之后就只顾与朋友聊天了。随后餐厅又来了几个更小的小孩，他们在大人的搀扶下，跌跌撞撞地跟着那群孩子跑来跑去。

这家餐厅本来就没有为孩子设立玩耍的地方，小孩子们的冲撞给服务员的工作带来了很多不便。有些客人开始投诉餐厅吵闹，无法安静地享受美食。

于是，大堂经理先来到孩子们的父母跟前，礼貌地对他们说："对不起，打搅你们一下可以吗？你们的孩子真的非常活泼、可爱，但他们在餐厅里来回奔跑，很容易发生意外。为安全起见，可否请他们回到座位呢？我们将向孩子们提供一些简单的玩具和图书，您看好吗？"然后，她温和地对孩子们说："小朋友，你们好！你们玩得那么开心，现在一定累了，对吗？你们想不想看小人书和玩玩具啊？"孩子们一听有书看、有玩具玩，都很高兴，全部举手说要书、要玩具。经理马上提议道："好！你们马上回到自己的座位上，谁最乖，服务员阿姨就把玩具和书送给谁。"话音一落，孩子们马上飞奔到各自的座位上，乖乖地等着服务员阿姨的到来。孩子们有了新的兴趣，就能安静下来了。餐厅又恢复了以往的安静。

（8）在没有征得孩子父母同意的情况下，服务员不要随意给孩子吃东西。

总之，对于带小孩用餐的客人，服务员既要热情，又要注意把握好分寸，千万不要适得其反。

四、为老年客人服务

服务员要对老年客人给予特殊照顾。

在看到年迈的客人独自前来用餐时，服务员应主动扶他们就近入座，并放好手杖等物；在客人离开前，服务员应主动把手杖递到他的手中。

在给老年客人上菜时，上菜员要注意速度应快一些，不要让其久等，给老人做的饭菜，应烂、软便于咀嚼。

总之，对于老年客人，服务员应给予更多的关心。

案例

> 陈先生和他70多岁的母亲来到餐厅用餐。刚下车，陈先生便走到母亲的身旁搀扶着。原来，老人的行动不太方便。这一情景被服务员小郑看到了，于是，她快步走出大门，微笑着来到老人面前说："奶奶您慢点，我来扶您吧。"到了餐厅的大门口，小郑立即将旋转门的速度放慢，让老人安全地走进餐厅。
>
> 进了餐厅，小郑还专门为老人安排了一个出入方便的位置，然后微笑着离开了。待陈先生及母亲用完餐准备离开的时候，小郑又细心地把老人送出了餐厅。当老人准备上车时，小郑不仅为老人拉开车门，还将老人的双腿扶进车里，帮老人把大衣披好，最后将车门轻轻地关上。小郑这一系列动作使陈先生和他的老母亲非常感动，他们连连称赞说："你们的服务太好了，下次我们还来这儿！"

五、为熟人或亲友服务

服务员在岗时如果遇到熟人或亲友前来用餐，应当一视同仁，做到热情礼貌、主动周到，但不能直接离岗，与熟人或亲友闲谈。

服务员不可在大庭广众之下，不顾自己的身份和工作场所的规定，与亲友或熟人寒暄时间过长，甚至是拍拍搂搂，以免引起其他客人的不满，造成不良影响。

在熟人或亲友点菜和结账时，服务员应请其他同事代劳，以免引起不必要的误会。

六、为挑剔的客人服务

餐厅服务员在为挑剔的客人服务时，一定要注意以下几点。

（1）耐心听清客人挑剔的事情。当客人抱怨时，服务员一定要有礼貌，不能与客人争吵。

（2）在不损害餐厅利益的前提下，尽量满足客人的要求。

🔍 **案例**

　　某家餐厅来了十几位客人，实习生小王接待了他们。听其他服务员讲，这些客人很挑剔，但小王想，我只要更热情、更耐心的服务，就不怕那些挑剔的客人。

　　这些客人点了很多菜，喝了不少酒。当他们吃得差不多时，其中一位先生要添一个白菜粉丝。实习生小王与厨房联系，厨师说没有白菜了。于是小王告诉那位先生没有白菜，那位先生用质疑的目光看着小王，很生气地喊起来："什么？连白菜粉丝都没有，不可能！你们是不是不想给我们炒这个菜？"他边说边站起来朝厨房走去，一副准备打架的样子。小王吓坏了，不知所措地站在那儿。这时，其中一位客人拍了拍这位先生，劝他不要找事，拉他坐下，然后对小王说："确实难以置信，这么大的餐厅，连白菜都没有了，换了谁也不相信。这样，我们要一盘凉拌西红柿吧。"那位火气大的先生接着说："小姐去了厨房，回来又要告诉你，没有西红柿了。"显然，客人是误会厨师不给做。

　　当小王将凉拌西红柿端上桌时，那位先生又挑毛病："糖放得太少了吧？"小王答道："先生，请您先尝尝，如果不合您的口味，我可以给您换一盘。"接着那位先生又出难题了，说："小姐，你是实习生？有些事跟你说不着。"小王说："先生，我是实习生，当然得挂实习生的工号牌。这是请客人对我们的服务工作进行监督的标志。我虽然是实习生，但我也是餐厅的一名员工，与正式的服务员一样履行职责，我一定想办法使您满意。今天的事很对不起，请先生原谅！您的心情，我理解。但今天的客人点白菜较多，厨房确实没有白菜了。这是采购员的失误，请您谅解，绝没有怠慢您的意思。我已经把您的意见反映给厨师长了，让他以后多备些白菜，等您再来就餐时一定给您上这道菜。"听了实习生小王诚恳的一番话，那位挑剔的先生叹了口气，道："小姐，我们确实想吃这个菜。听你一说，我们就明白了，没事了。"

（3）记下爱挑剔的客人的姓名、饮食习惯，以便今后把服务工作做在前面。

将挑剔客人的姓名、饮食习惯等记录一下

其实，真正不友好、带有敌意的客人只是极少数。大多数客人都较友好。

案例

一位商人请几位男女宾客共进晚餐。服务员端上了鱼翅羹，每人各有一份。主人刚吃了一口，就大为不满："我吃过上百次鱼翅了，你们的鱼翅做得不好，僵硬。去问问你们厨师是怎么做的！"客人面露怒色，话说得很重。

服务员二话没说，答应去问。出了包间后，他悄悄地把这一情况告知经理。楼面经理走了过来，笑容可掬地大声说："老板您真不愧是吃鱼翅的行家。今天的鱼翅在泡发和火工上确实稍欠一点点火候，这点小差别，您一口就能尝出来，不愧为美食行家。"楼面经理把服务员叫了过来，站到商人边上接着说："鱼翅味道不好，老板您看，是退，还是换？损失当然由我们承担，您不用付款。"

楼面经理的一席话，句句击中了商人的心理。一是先把商人捧上天，将责任全部归于餐厅，给商人留出足够的面子，既凸显了餐厅对其主人地位的尊重，又烘托出了他美食家的身份，使他的心理得到了极大的满足；二是使用了"欲擒故纵"的手法，无论是退还是换（"换"也是扔掉），鱼翅这类高档菜肴的损失都很大。商人既然得到了心理上的满足，就肯定不会斤斤计较，反而要借机显示自己的大度。最终情形果然如此，商人只是抱怨了几句，便不再追究了。

七、为生病的客人服务

餐厅服务员在为生病的客人服务时，应注意以下几点。

（1）当客人告诉服务员，自己生病需要特殊食品时，服务员要礼貌地问清客人哪里不舒服，需要何种特殊服务。如果客人表现出身体不适但是没有告诉服务员，服务员应主动询问客人以便为其提供帮助。

（2）领位员将生病的客人安排在餐厅门口的座位上，以便客人随时离开餐厅。如果客人头痛或心脏不好，则要为客人安排在相对安静的位置。

（3）点菜员要积极地向客人推荐可口的饭菜，厨房为客人提供稀饭、面条一类的食品。

（4）如果客人需要就医，服务员要向客人介绍附近的医院。如果客人需要服药，服务员则要为客人提供温度适宜的白开水。

（5）如果遇到突发疾病的客人，服务员须保持冷静，楼面经理应立即通知医务室，同时换扶客人坐在沙发上休息。

（6）如果客人已经休克，服务员千万不要冒然搬动客人，应第一时间拨打120，待医生赶到后，服务员要协助医生送客人去医院。

八、为左手用餐的客人服务

服务员在为左手用餐的客人服务时，应注意以下几点。

（1）服务员在得知客人习惯用左手进餐时，应关照客人入座的位置。如是方桌，请客人坐在左边没有客人的位置上；如是圆桌，尽量保证客人左侧半米内无其他客人落座。

（2）服务员要将客人的餐具换到其左侧，首先站在客人右侧，将客人餐盘右侧的银筷架、银勺、筷子撤在托盘上，然后转到客人左侧，用右手托托盘，左手将银筷架、银勺、筷子摆放在客人餐盘的左侧。

（3）为客人倒饮料时，服务员需将饮料放在客人左手易拿到的位置上，站立于客人左侧为客人倒饮料。为客人送上食品及小吃时，服务员应将食品和小吃放在客人的左侧。

案例

某天，一行七八位客人来到某餐厅，服务员小李远远地就认出了大家簇拥着的主宾是王总，而这位王总是小李曾经工作过餐厅的常客。小李想"王总平时不怎么来我们餐厅，迎宾员和经理肯定不认识他，我得让大家知道他是谁"。于是，小李主动迎上前去大声问候："王总，您好！这边请。"其他服务员听到小李叫了王总，马上也跟着叫起来。王总一愣，马上露出笑容，答道："好，好！"

王总被小李领到包间，在确定了王总的座位后，小李立即把王总座位的筷子移到了左手位，王总用诧异的眼光看着小李，小李微笑着说："我们不光知道您习惯用左手进餐，还知道您喜欢吃的菜是什么。"王总说："你们是怎么知道的？"小李半开玩笑地说："因为我们想为您提供更好的服务呀！"王总连连称赞："好，真是太好了！"

从此以后，王总就成了该餐厅的常客，而且每次来不管小李在不在，王总都会让其他服务员转达他对小李的问候。

九、为有急事的客人服务

服务员在为有急事的客人服务时，应注意以下几点。

（1）当了解到客人赶时间时，迎宾员应将客人安排在靠近餐厅门口的位置以方便客人离开，然后礼貌地问清客人能够接受的用餐时间并立即告诉服务员。

（2）待客人入座后，服务员应立即为客人点好饮料并取回饮料，同时另一位服务员为客人点菜，应推荐制作较为迅速的菜肴。

（3）客人点好菜后，服务员应立即将订单送到厨房，通知传菜部和厨师菜品的制作时限。

（4）在客人要求的时间内，服务员要快速准确地把菜上齐。在客人用餐的过程中，服务员要及时为客人添加饮料并撤空盘、换餐盘。

（5）服务员在客人用餐完毕之前应备好账单，并在客人结账时对匆忙中服务不周表示歉意。

十、为穿戴不整齐的客人服务

服务员在为穿戴不整齐的客人提供服务时，应注意以下几点。

（1）当穿戴不整的客人出现在餐厅门口时，迎宾员应热情地问候客人，用诚恳的态度礼貌地告诉客人本餐厅对用餐客人的衣着要求，婉转地告诉客人衣着不合规定之处。

（2）迎宾员可建议客人更换衣服并告诉客人，餐厅将为他保留座位。

（3）如果客人无法更换衣服，迎宾员应建议客人换上餐厅提供的长衫和长裤，请制服员送上与客人身材相符的衣服。

（4）如果客人是参加宴会，又不愿换上餐厅制服时，迎宾员可在征得宴会主人同意的情况下，请客人坐在比较靠里的位置，并劝其尽量减少走动。

十一、为分单的客人服务

服务员在为分单的客人提供服务时，应注意以下几点。

（1）如果客人需要分单，服务员应询问其分单的形式并记录分单情况，写清分单顺序，记录客人的位置。

（2）对照原订单重新开具一张订单，并在订单上划横线，以标明分单顺序，最后在订单的落款处注明"分单"字样。服务员将开好的订单交给收银员并在每张账单的后面注明"A""B"或①②以示区分，将分单顺序告诉领班及服务员。

（3）服务员要注意客人是否已喝完饮料，主动询问客人是否需要添加饮料，将添加饮料的费用随时记入由该客人分付的账目中。

（4）服务员要仔细观察并牢记客人的位置，避免由于座位记录有误而开错账单。

（5）分单客人结账时，最好由开具原账单的服务员为客人结账。

为客人添加饮料

由开具原账单的服务员为客人结账

十二、为不礼貌的客人服务

在遇到没有礼貌，甚至呼喝服务员做事的客人时，除了用宽容的心态包容客人外，服务员还要把服务工作做好。微笑是一件非常锐利的"武器"，即便是意见再大的客人，只要看到服务员诚恳的面孔、热情的微笑也会消除怒火。

有些客人喜欢在众人面前有所表现，也就是有自我表现的欲望，所以他们常会找一些借口将事情扩大，将众人的视线吸引过来。对于这样的客人，服务员一是要耐心听取他的意见，不要急于争辩和反驳；二是要坚持用微笑打消他继续表演的欲望；三是表示为了感谢他给餐厅提出的宝贵意见，给他送上一份小礼物或水果。

案例

　　西安某餐厅接待了一个外地来的旅行团。该团的一位中年女士非常挑剔。他们到餐厅吃饭有用茶水洗漱餐具的习惯。

　　一桌客人刚坐下来，就用掉了一壶茶水冲刷餐具，他们又喊服务员加水，供其他没倒上水的客人冲刷餐具。续水还没送上来，前面涮好餐具的客人又将水倒了。服务员刚将盛洗涮水的器皿摆上桌，又要续茶水了，因为大家要喝水了。一壶茶水只够大半桌的客人用，还得再加。服务员被那位嫌她们手脚慢、服务跟不上的挑剔女士呼来唤去地忙得团团转。不仅这样，那位女士每次使用的都是命令句式："喂！加水！""有没有搞错啊！菜这么难吃。叫你们老板来！""喂！你过来！这么热，怎么不会把空调开大点呀？"

　　不过，负责接待该旅行团的几位服务员都很有耐心，第一时间为客人送上了茶水，又调低了空调温度。楼面经理发现此情况后，立即向那位挑剔的女士道歉，并询问其有何其他要求。挑剔的女士见楼面经理和服务员的服务周到，也为自己刚才的举动表达了歉意。最后离开餐厅时，她表示如果其他朋友来西安旅游时，一定要介绍他们到该餐厅用餐。

第五节　异常应急服务

一、菜汁、汤汁等溅到客人身上

菜汁、汤汁、酒水溅到客人身上，往往是服务员操作不慎或违反操作规程所致。在处理这种事时，服务员首先应诚恳地向客人道歉，然后用干净的湿毛巾为客人擦拭衣物上的污渍；如果是女客人，应由女员工为其擦拭。

如果要将餐厅备用的干净衣服给客人换上，服务员可按下列方式处理客人被弄脏的衣服。

（1）如果是油渍，可用清洁剂和热水将衣服浸泡半个小时，之后再搓洗干净。

打翻汤匙处理

（2）如果是茶渍、咖啡渍，应尽快将衣服浸泡在冷水里，用常规方法清洗。

（3）如果是红酒渍，在衣服入水前，先将白酒或酒精倒在红酒渍上，也可用醋精或米醋倒在红酒渍上反复搓，再将衣服放入较热的清水中清洗。

除了以上方法外，餐厅也可将衣服送到专业洗衣店进行清洗。衣服洗净、熨平后，楼面主管应亲自给客人打电话联系送衣地点，服务员带上由楼面经理签名的致歉函，把衣服送到客人手中。

二、客人要求陪酒

如果客人是因为对服务员的工作感到满意而表示谢意，服务员要先感谢对方的好意，再委婉地告诉客人，餐厅规定服务员不能与客人一起喝酒，请客人谅解。同时，服务员要马上为客人倒酒、换骨碟、换烟灰缸等，转移客人的注意力。

婉拒客人敬酒

如果客人是因为找不到人一起喝酒而提出希望服务员陪酒，服务员就要注意自己的行为举止，免得客人把服务员当成倾诉或发泄不满情绪的对象。这样既影响正常工作，还有可能会使服务员被无端卷进客人的是非之中。

三、客人有要事谈

服务员在工作中要周到、殷勤，但也要看场合，更要注意察言观色。

如果发现客人来餐厅的目的是有要事谈，服务员就不要过多地干扰他们。

（1）要求坐在餐厅的偏僻座位、角落座位和包房的客人，多数是为了找一个安静的环境洽谈。

案例

两位客人相约到一家餐厅谈些重要的事情，为了防止被打扰，她们特意订了一间包间。当两位客人坐下聊天时，服务员小赵殷勤地上茶、递毛巾、送餐前小吃，还不停地说："小姐请用茶。""这是餐前小吃，请两位小姐品尝。""两位小姐喜欢吃点什么？""两位是头一次来我们餐厅吃饭吗？"接着，她还准备介绍餐厅。

如果只是为了吃饭，客人会觉得小赵服务很周到，可是当时她们急于谈事，只好礼貌地谢过小赵，请她为其他客人服务。虽然小赵识趣地出去了，但是她似乎怕客人不会倒茶，隔一会儿就进来续水，隔一会儿又进来看看，好几次问客人需要些什么。由于客人谈的事情比较私密，不愿让别人听到，所以每当小赵进来，她们就要被打断，感觉很不舒服。最后，客人警告小赵："没有叫你进来时，请你别进来打搅我们！"小赵吓了一跳，红着脸出去了。

（2）如果客人乐于攀谈，服务员可以与其多聊几句，使客人觉得餐厅的服务员待客热情。

（3）如果客人落座后急于与同来的客人谈话，服务员应该安静地为他们服务，然后礼貌地离开。

（4）服务员在服务时应保持安静。如需提醒客人点菜或有事要向客人说明，应在客人讲完话后再礼貌地插话："对不起，先生，打搅一下好吗？现在已经快下午1:00了，能不能请你们先把菜点好再接着谈？""对不起，打搅了。你们点的菜原料不够，可以请你们另外再点一道菜作为替换吗？"

（5）等事情得到解决后，服务员还要再一次道歉才可退出："谢谢你们的理解。打搅大家了，实在抱歉。"

（6）服务员要多观察客人的言行。如果服务员的工作打搅了客人，就应该减少类似于换骨碟、换烟灰缸这样的行为；在更换时，服务员的动作尽量不要妨碍客人的视线，并轻拿轻放，尽量不造成干扰。此外，客人在谈一些重要的事情或隐私时，服务员应该自觉地退出房间，并将门关上；需要进来时，应先敲门，得到允许后再进来。

四、客人赠送礼品或小费

为了表示对服务员服务态度和服务热情的认可，客人往往喜欢赠送服务员礼品或小费。遇到这种事情时，服务员要婉言谢绝，向客人解释不收礼品或小费的原因，但语言要简洁明了，不必过于烦琐。

婉拒客人送礼品

如果实在推脱不了，服务员可以暂时收下并表示谢意，事后要向餐厅经理讲明原因，做好登记，以便统一处理。

有的餐厅设有专门收集小费的箱子，服务员遇到不能推脱的小费时，就把小费放入收集箱，作为奖金发放给优秀员工。

五、客人损坏物品

绝大多数客人损坏餐具或用具都不是故意的。服务员的处理方法如下。

（1）服务员先要收拾好破损的餐具和用具。

（2）服务员要理解客人的失误，不要指责或批评客人。

（3）服务员要根据餐厅的有关规定，决定客人是否需要赔偿。

如果需要客人赔偿，服务员要在合适的时机，用恰当的方式告诉客人，与客人讲明具体的赔偿金额，然后在结账时合并收款，并开出正式的现金收据。

案例

一位40多岁的女士在某餐厅酒架前选红酒时，不小心摔碎了一瓶红酒。服务员闻声跑了过来，看到这种情况，马上护送这位女士离开现场，并关心地询问："您没有受伤吧？"

客人感到不好意思，说道："不，我没受伤。不过，打破了一瓶酒，真是对不起。这瓶酒多少钱？我照价赔偿。""不用，不用！是我们商品陈列不好，才让您受惊的。这是我们的疏忽，您不用在意。"服务员说完后，便叫清洁工把碎玻璃清理干净了。

客人依然觉得过意不去，坚持要赔偿。服务员一再委婉地拒绝。后来，客人只好说："好吧，既然你坚持不让我赔偿，你就把你们最好的葡萄酒给我拿六瓶。"说完，她便以不菲的价钱买走了六瓶葡萄酒。

六、客人偷拿餐具

当服务员发现客人偷拿餐具时，一定不能大声嚷嚷，也不能生硬地让客人当场把偷拿的物品交出来。遇到这类问题时，服务员应讲究策略与方法，巧妙解决。

案例

在一家高档餐厅里，一位外国客人在用餐时，看到古色古香的餐具，顿时心生爱意，于是他把餐具悄悄地装进了自己的口袋。这一幕恰巧被服务员小关看到了，她不动声色地说："谢谢各位的光临，客人的满意是本店的荣幸。我发现有的客人对我店的餐具很感兴趣——这也是很精美的工艺品——如果哪位客人愿意购买，我可以与我们的销售部联系，那里有同样精致、无毒且全新的具有特色的成套餐具奉献给各位。"说着，她便把目光投向了那位将餐具放入口袋的客人身上。那位客人马上将餐具从口袋里掏了出来，说："我看到贵国的工艺品太精致了，情不自禁地想收集一套，我很喜欢它。既然有全新、成套的，那就以旧换新吧。"

七、客人要求取消等了很久却没上的菜

客人催菜是常见的现象。遇到这种情况，服务员要做出如下处理。

（1）向客人道歉。

（2）查看点菜单和桌上摆放着的菜品，确认未上该道菜后，马上通知传菜员或自己到厨房查对、催促。

（3）若客人要求退掉该菜，应立即去厨房查问这道菜做了没有。如果是即将做好的，要回去跟客人解释，并告诉他们所点的菜很快就做好了，请他们稍等，并为此致歉；如果菜还没做，应向主管报告，同意客人取消的要求。

案例

有一次某餐厅来了一桌客人，坐下后他们便开始喝茶、聊天、等菜。不知什么原因，那桌菜上得很慢。也许是该桌客人饿了，一阵"秋风扫落叶"后，他们已经吃饱了，可是后面还有两道菜没上齐，于是他们叫服务员过来，要求取消那两道菜，理由是上菜速度太慢。服务员为难地对客人说："不好意思，请你们稍等一下，菜应该很快就上来了。"客人一听就火了："什么叫'应该'？我们都吃完饭了，菜还没上，叫我们怎么吃呀？"服务员只好说："我到厨房看看菜做好了没有吧。"说完马上去厨房查问。一问才知道两道菜都在做，其中一道菜快要端出来了，另一道菜也要不了几分钟便做好了。服务员回到客人桌前解释，想说服他们继续享用那两道迟来的菜，但客人坚持要退。无奈之下，服务员只好找领班来解决。

领班是一位温文尔雅的女士，一见到客人，她马上面带微笑地向客人了解情况。等客人将心中的牢骚和不满都发泄完后，领班才笑着说道："菜到现在还没上齐，完全是我们的错，责任自然要由我们承担。如果你们要退菜，我完全赞成。但我听你们的口音好像不是本地人，对吗？"客人听到领班同意退菜后，马上松了口气，语气也缓和了很多。其中一人回答说："是啊，我们是从北京来广州做生意的。""后面这两道菜是典型的广州特色菜，口感香、不油腻，今天

做这两道菜的大师傅可是我们餐厅的金字招牌，获奖无数呀。你们尝不到真是有点可惜呀。"领班说完，还表现出了一副惋惜的神情，说得那几个外地客人不由得犹豫了起来。领班似乎看出了他们的心思，进一步说："如果你们真的决定不要了，我可就安排给其他等待的客人啦。"说完就招呼另一个服务员过来，吩咐她将摆在工作台上香喷喷的菜，端到另一张桌去。其中一个客人马上摆手阻止说："既然这么好，我们就尝尝吧，把菜放在这里好了。"

为了使客人吃得满意，领班还在饭后专门过来征求客人意见并亲自送上了果盘。其诚恳的态度，使原本有心退菜的客人收回了不满，高兴地结账离开。

八、餐厅客满，怎样合理安排座位

餐饮服务员应按照以下要点为客人安排座位。

（1）如果座位已满，服务员应礼貌地告诉客人："对不起，小姐/先生，现在已经没有空座位了。请您在休息处稍等一会儿好吗？有客人结账离开时，我会马上告诉您。"

（2）在人多的情况下，服务员要给等候的客人排号并做好登记，保证客人有序就餐。

（3）为等位的客人送上茶水和报纸、杂志，以缓和客人等位时急躁的心情。

（4）前一桌客人离开时，服务员不要急于将客人引入餐厅，应等服务员将桌子收拾好，摆好台，再请客人入座。

（5）如果客人没有时间久等，服务员应向客人介绍一些厨房可快速做好的食品，请客人将食品打包带走。"我们餐厅有几款味道不错的菜点，可让厨房尽快做出来让您打包，不知您是否愿意试一试呢？"并要对这种提议表示歉意："实在不好意思，因为今天来的客人特别多，不能立刻请您进店就餐，请您原谅我的这种提议。"

（6）给客人奉上餐厅的订座名片，请客人下次提早预订。

（7）将客人送到餐厅门口，并说："先生/小姐慢走。欢迎您下次光临!"

九、客人点了菜单上没有的菜

如果客人点的是菜单中没有的菜式，服务员应请客人稍候，并询问厨房是否有相应的原料和配料，菜品的质量能否保证，出菜的时间是否太长等，然后向客人解释，请客人自己决定或向客人推介其他类似的菜。

案例

8月的某一天，在广州的一家餐厅里，因为天气炎热每台空调都开足了马力。突然一位操着四川口音的中年男士走进餐厅，说要吃火锅。这家餐厅是经营粤菜和川菜的，但到了炎热的夏天，广州本地的客人都怕上火，吃川菜的客人明显减少，有时一天都没有一个吃川菜的客人来。餐厅老板只好让做川菜的几个厨师等天气转凉了再回来。谁知厨师们才走了两天，吃川菜的客人就上门了，还要吃火锅，急得老板直挠头。

这时，餐厅经理笑着对客人说："这位大哥，广州天气这么热，您不怕吃太辣上火啊？"客人也笑了："我们四川人是不上火的，不吃正宗的四川火锅，时间长了才上火呢，真的。"经理想：如果告诉他做川菜的厨师走了，这位客人一定会很失望。既然他是冲辣椒来的，我们不妨向他推荐些用辣椒炒的菜。只见经理对客人说道："四川火锅真的很好吃，其实很多广州人都喜欢吃。只是广州的夏天又长、又热、又燥，很多外地人来到这里都不得不喝凉茶祛湿、祛热。你们四川的水质是带寒凉的，而我们广东的水和整个气候环境都是燥热的，所以广东的饮食都是以清淡的食物为主。""哦？你讲的似乎很有道理。实话告诉你吧，小伙子，我刚从四川到这里陪孩子上大学。孩子总在学校里，我自己一个人也不想做饭。刚好看到你们这里写着经营川菜，我就进来了。既然你说吃川菜太上火，那我吃点啥好呢？"于是经理就向他介绍了一些既有一点辣味但相对没那么容易上火的粤式菜点。这位中年男士虽然没有吃成四川火锅，但还是吃了一餐满意又地道的粤菜。

十、客人发现饭菜中有异物

如果客人在菜肴中发现草根，在米饭中发现黑点，甚至发现碎瓷片、碎玻璃、毛发、铁钉等物品，服务员应先向客人表示歉意，然后将已经上桌的饭菜撤下来，仔细分辨那些异物是什么东西。

小提示

饭菜中出现异物的原因不同，客人的反感程度也不一样。像草根之类的异物，客人一般较容易理解。如果是人为的问题，客人可能会非常反感。

经过分辨，如果认定是异物，餐厅要立即为客人重新做一份新的饭菜，或者征求客人的意见换一款与之相近的菜肴。同时，服务员应再次向客人表示诚恳的歉意。

根据异物的类别不同，餐厅方面要做出相应的表示，换菜是最简单的补偿方式，有的时候要免收部分餐费，餐厅管理人员要亲自向客人赔礼道歉，以示重视。

无论在餐厅出售的饭菜中出现何种异物，餐厅管理者都要高度重视，因为这关系到一家餐厅的信誉与声誉问题。

案例

于先生是一家安防公司的销售部经理，过节了，他请同事们来到一家湘菜馆聚餐。大家点了很多菜肴，如"嫦娥奔月""滑菇笋片""蚂蚁上树"等。

不一会儿，服务就把菜端上了桌，"这是您点的'蚂蚁上树'。""等一会儿，服务员！"于先生笑着说，"你说这叫'蚂蚁上树'，是吗？""对呀，这是我们饭店的特色菜，是用土豆丝做的，很爽口的。"服务员微笑着说。

于先生指着菜说："我看这是头发上树吧，这美味可口的土豆丝上面怎么镶嵌着一根头发丝呀？"大家顺着于经理的手指看过去，在金黄色的土豆丝中果然夹杂着一根黑色的头发。"先生，非常抱歉！我马上给您换菜！"服务员尴尬地说。"我想一定是蚂蚁不听话，咬住头发丝跑到土豆丝上去了吧！"于经理说完，客人们哄堂大笑，这让服务员感觉更尴尬了。她赶紧把菜撤掉又让厨房重新做了一份。

十一、客人反映菜肴口味不对

客人反映菜肴的口味不对，是有多方面原因的，有时是口味过咸或过淡，有时是原料的质量有问题，有时是烹调方法与客人想像的不一致。

（1）如果是由于咸淡味不合适而造成客人的不满，服务员应将菜肴送回厨房重新制作，淡了可再加些原料进行补救，咸了则需重新制作一份，服务员要向客人表示歉意。

（2）如果是由于烹调方法而造成客人的不满，服务员也应向客人表示歉意，然后婉转而礼貌地向客人介绍本餐厅制作此种菜肴的方法，求得客人的理解。

（3）如果是原材料的质量出了问题，服务员要立即撤下菜肴，向客人道歉，请客人重新点一款与此菜肴口味相近的菜品，并请厨师立即制作，端上桌后请客人再次品尝。

十二、客人提出问题答不上来

客人在餐厅用餐时，有时会问服务员一些问题，如本餐厅食品的品种，或是当地有哪些风景名胜，或是某公共场所的地址等一系列问题。

对客人提出的合乎服务要求的问题，服务员如果答不出来，应求助他人，给客人一个准确的答案。

有时客人也会问一些关于菜肴的做法，或是原料的品种等问题，服务员如果知道，就直接告诉客人；若是不太清楚，就要表示歉意，然后询问相关人员，及时答复客人。

案例

> 在某家餐厅，一位客人问服务员，"葱烧海参"这道菜中使用的海参是什么品种？这位服务员回答不上来，就说："实在对不起，我不太清楚，我去问问厨师再告诉您。"客人对该服务员表示满意，因为他感受到了服务员对他的尊重。

为了应对客人的提问，服务员在平时的工作中要多观察，多了解掌握相关知识。

十三、客人反映菜单价格不对

如果客人认为菜单价格有出入，服务员要针对具体原因采取相应的解决方法。

（1）服务员在客人点菜时，对有些菜肴的价格解释得不够清楚。例如，某些海鲜类的价格大多是时价，或是每500克的价格，但客人误以为是该菜肴的准确价格，从而造成了误会。服务员应该拿来菜单，向客人认真解释，以求得客人的谅解。

（2）客人在点菜时没看菜单，餐后结账时认为与自己估算的价格有出入，要求看账单核对。

（3）上菜时，由于服务员工作忙，该上的菜肴却没上，客人当时没讲，结账时才提出来价格不对。这个差错是值台服务员的责任，值台服务员应该拿回账单，减去没上菜品的价格，向客人道歉后再结账。改账要经过领导签字方能生效。

（4）收款员在开账单时出现了差错或失误，服务员在客人结账前没有认真地核对。服务员要立即收回账单，重新核对各项内容，如果确实是收款员弄错了、多收了，要向客人道歉，并讲明出错的原因，求得客人的谅解后再结账。

（5）客人计算出现了失误，尽管是客人自己计算错误所致，服务员也不应该在态度上有任何的不耐烦，此时应该耐心地向客人解释，如果有必要，还可以拿出账单和客人一起核对。

（6）餐厅个别服务员有意在客人的账单上多加一些菜品或饮料的费用。对于这种情况，餐厅管理者应给予足够的重视。首先让值台服务员向客人道歉，减去多收的款项，餐厅管理者也应对客人表示歉意，以示对该事件的重视。事后，餐厅管理者对有意多收款的服务员要严肃处理，按照不同情况给予他们适当的惩罚，起到警示的作用。

需要注意的是，修改账单必须经过领导签字，任何隐匿不报、自行解决的办法都是违规的。

十四、客人出言不逊

个别客人由于各种各样的原因，对服务员出言不逊，甚至出口伤人，这种现象在餐厅也时有发生。

情况不同，处理的方式也不一样。如果是由于客人自身素质较低，不懂得在公共场合保持应有的言行举止，服务员可以冷静对待，一般不要计较。如果实在太过分，服务员可以严肃地请客人收敛其言行；有必要的话，还可以报告上级领导和有关部门，请其出面协助处理。

如果客人是由于受到怠慢而出言不逊，服务员或餐厅管理者应该立即改正自己的失误，不要计较客人在言语上的过激与无礼。

总之，遇到出言不逊的客人，服务员首先应以礼相待，若情况并无好转，应及时通知有关部门和人员协助处理，用文明的方式、方法解决纠纷。

十五、客人丢失财物

为了防止客人丢失财物，服务员应热心、适度地提醒客人注意保管好自己的财物。

如果客人丢失了财物，服务员应表现出同情与关心，认真帮助客人查找。

如果客人在餐厅里丢失了财物，一时没有找到，服务员应问清楚客人当时用餐的具体位置、餐桌台号、物品件数和特征等情况，并且当着客人的面登记备查，或通知有关部门协助寻找。

经过寻找，一时仍无着落的，服务员可以请客人留下联系地址和电话等，以便一有信息及时通知客人。

第六节　意外应对服务

一、客人烫伤的处理

如果客人在餐厅不小心被烫伤，服务员必须做好紧急处理工作，具体操作步骤如下。

（1）用自来水冲洗伤处，迅速降低皮肤表面的温度。

（2）小心去除烫伤表面的衣物，必要时可用剪刀剪开。如果衣物已经和皮肤发生粘黏现象，可以暂时保留衣物，注意不要将伤处的水泡弄破。

（3）及时将客人送到医院，以免延误治疗时机。

二、客人烧伤的处理

如果客人身上着火，服务员应该告知客人立即倒地翻滚，或帮助客人扑灭身上的火。等火熄灭后，再按烫伤急救步骤处理。

案例

一天中午，王女士和朋友在一家餐厅用餐。服务员在她们附近点燃火锅时，火炉内的酒精喷了出来。王女士本能地挡了一下，但燃烧的酒精还是溅到了她的身上，她的右脸颊被烧伤，头发被点燃。工作人员迅速将她头发上的火扑灭，与王女士同桌的两位女士的手臂和鼻子也被烫伤。

事故发生后，餐厅经理立即将她们送往医院治疗。在医院处理完伤口后，餐厅经理又把她们送到一家理发店，对烧焦的头发进行处理，然后一起回到餐厅，商量如何处理此事，处理好之后又派人打车送她们回家。王女士对餐厅的做法感到十分满意。

三、客人突然病倒

遇到就餐客人突然病倒时，服务员应按照以下方法解决。

（1）保持镇静。服务员应保持镇静，先打电话通知急救部门，再通知餐厅的有关部门，采取一些可行的抢救措施。

（2）如果客人昏厥或摔倒，服务员不要随意搬动客人，可以用屏风把他围起来。服务员要认真观察客人的病情，帮助客人解开领扣，松开领带，等待急救医生的到来，随后按医生的指挥，做一些力所能及的事情。

（3）如果客人在进餐过程中或进餐后尚未离开餐厅时，出现了肠胃不适等症状，服务员可以帮助客人叫急救车，或引领客人去洗手间，或清扫呕吐物等。与此同时，服务员不要急于清理餐桌，要保留客人吃过的食品，留待检查化验，以便分清责任。

（4）当客人突然病倒时，服务员不要随便下结论，也不要自作主张地给客人服用药物。

四、客人跌倒时的处理

客人跌倒后，服务员应主动上前将其扶起，安置客人暂时休息，细心询问客人有无摔伤，若情况严重应马上与医院联系。事后餐厅应检查原因，引以为鉴。

五、客人打架闹事

如果客人在餐厅打架闹事，服务员应按照以下方法解决。

（1）服务员在劝阻客人时，要注意方法，用词恰当，自己不要介入到纠纷中去，不要评判谁是谁非。

（2）一般来说，打架闹事的人多是出于一时的冲动，逞一时之勇，只要服务员及时、恰当地进行劝阻，一般都会顺利制止。

（3）服务员制止客人打架斗殴，不仅是为了餐厅的安全着想，也是为打架的双方着想。如果闹事者是来捣乱的，服务员就更应该保持冷静。

（4）如果打架闹事者不听劝告，继续打斗，服务员应马上报警，请警察到现场处理，维持餐厅的秩序。

六、突然停电的处理

如果餐厅突然停电，服务员要保持镇静，首先设法稳定住客人的情绪，然后立即开启应急灯，或为客人点燃备用蜡烛，并劝说客人不要离开自己的座位，可继续进餐。

案例

　　傍晚，某餐厅正在举办寿宴。天色渐渐地暗了下来，寿宴正进行得热烈而隆重。

　　突然，餐厅里漆黑一片，停电了。短暂的沉寂之后，迎来了此起彼伏的叫喊声："服务员，怎么停电了？""服务员，赶紧去看看！""服务员，什么时候来电？"

　　领班小刘反应迅速，立刻冲到库房抓了两包红蜡烛飞奔回餐厅，并安排12名服务员站成两排，点燃蜡烛，整齐地走到餐厅。同时，他手持扩音器说道："尊敬的宾客，幸福的寿星！今晚，我们餐厅特别策划了别致、独特的烛光晚宴，祝寿星及来宾在此吃得开心！"霎时间，掌声雷动，整个餐厅充满了温馨浪漫的气氛。客人非常高兴，赞不绝口。

停电后，餐厅管理人员应马上与有关部门取得联系，搞清楚断电的原因，如果是餐厅的供电设备出现了问题，就要立即派人检查、修理，尽快恢复供电。如果是地区停电，或是其他一时不能解决的问题，餐厅则应采取相应的对策。服务员应对正在用餐的客人继续提供服务，并向客人表示歉意，同时暂不接待新来的客人。

餐厅的备用蜡烛应该放在固定的位置，方便取用。如备有应急灯，服务员应该定期检查插头、开关、灯泡能否正常工作。

第七节 完美结账服务

一、发现客人逐个离场时须提高警惕

当客人逐个离场时，服务员要高度重视并做好以下工作。

（1）服务员应及时向领班报告，请求领班抽调人手，派专人盯着该桌客人。

（2）如果客人提出要去洗手间，领班要派同性的服务员护送、跟随。如果客人提出要到餐厅外接打电话，则请客人先结账再出去。

（3）服务员要密切注意客人的言行，一旦发现可疑情况应立刻报告，并安排专人跟踪，直至客人结账离开。

（4）不要轻易相信客人留下的东西，如果客人有心跑单，会故意像抱宝贝一样抱住不值钱的包，目的就是吸引服务员的注意，然后将包放在显眼的位置，让服务员以为他还会回来取，从而为他赢得跑单的时间。

案例

　　某餐厅来了一群穿着气派的人，其中一人手里紧紧抱着一个手提包，让人感觉包里的东西非常贵重、需要小心保管。这些人进了包间，点了高档的菜品、酒水，服务员以为来了一群腰缠万贯的大老板，所以服务极为周到、热情。楼面经理还逐位送上了自己的名片和贵宾卡，希望这些大老板们能多多光临本餐厅。

等到客人们酒足饭饱后，这些人就开始陆续离开。有的人先行告退，有的人去洗手间，有的人借口餐厅内信号不好，跑到外面打电话，有的人说要到外面谈点事情，最后剩下的那个人趁服务员不注意，把那只包留在了显眼的位置上，并将烟、打火机也留了在桌上，造成他去洗手间的假象，随后也跑了。当服务员进来后发现人都不在但那只大包还在时，他也相信客人去洗手间了，因为那么贵重的东西还在嘛。

等到餐厅要结束营业了，那些客人们还没有回来，服务员才向楼面主管和经理报告。当大家小心翼翼地打开那只包时，才发现这个"贵重"的包只是用人造革做的，里面塞满了破布和旧报纸。

二、客人没有付账即离开

在出现客人不结账就离开餐厅的情况时，服务员可按下面两个方法去做。

（1）追上客人并小声说明情况，请客人补付餐费。

顾客未结账提醒

（2）如客人与朋友在一起，应请客人到另一边，再说明情况。

注意，服务员在追要餐费的过程中要注意礼貌，切忌质问客人，否则会引发客人反感，给结账工作带来更大的麻烦。

三、不能直接将金额大声说出来

服务员用专用夹夹好账单送到客人面前时，如果有多位客人，应轻声问："请问由哪位付账呢？"然后将专用夹拿到付账人身边打开，用右手食指指着结账单上的金额告诉客人："多谢惠顾，您只需付这个数目就好了。"

不直接将金额说出来，是因为有些客人并不愿意让其他客人知道这顿饭的实际费用。特别是一些拿到结账单后不急于付钱，并将单子收起来的客人，更是如此。这时，服务员不必着急，通常这类客人会自行到收银台去结账。

案例

　　某日，于女士请几位多年未见的老朋友在某餐厅吃饭。聚餐结束后，于女士示意服务员结账。服务员走到于女士身旁递上账单并大声说："几位一共消费了360元。"

　　如果是单独就餐或和家人用餐，于女士对服务员的这句话是能够接受的，但当着老朋友的面儿，她感到非常没面子。她便当着老朋友的面对服务员说："你不要大声嚷嚷好不好！"

　　"我们要求结账时要唱收唱付。"服务员竟理直气壮地"回敬"了于女士。于女士更加生气了，结过账后找到楼面经理说："这样的餐厅我再也不想来了。"

案例

　　一次，某公司需要宴请几位客商吃饭，公司老板、秘书杜小姐及客户老胡一起陪同客人到一家高级餐厅就餐。老板是个美食家，又是这里的常客，无须服务员介绍，他很快就点好了一桌丰盛的菜品和酒水。

　　席间，服务员态度热情，餐厅的菜品又好，客人们都非常尽兴，一笔数额不小的生意马上确定下来，大家当即决定下午回公司起草合作协议，第二天早上便签约。

　　"小姐，麻烦帮我们买单吧。"秘书杜小姐走出房间，对站在门外的服务员说，并把优惠卡交给服务员。不一会儿，餐厅经理就拿着结账单进来了。"各位先生、小姐都吃好了吗？"餐厅经理笑着跟大家打招呼。"好了，好了。"客人高兴地回答。秘书杜小姐负责结账，便招手让餐厅经理过来。"小姐你好，请付这个数。"餐厅经理用手指着账单说道，顺便把优惠卡还给杜小姐。杜小姐快速查看了一下账单，大致无误后，就按账单上的金额刷卡结账了，并提醒餐厅经理开发票。

　　这时，老胡突然问杜小姐："这顿饭要多少钱啊？"杜小姐一下不知怎么回答才好，老板的脸色也沉了下来，气氛一下子尴尬起来。

餐厅经理马上巧妙地将话题引开："先生，我是这家餐厅的餐厅经理××。这是我的名片，请您多指教。"一边说一边向老胡奉上名片，然后针对服务和菜品向客人做了一些咨询，直到气氛缓和过来，她才礼貌地走出包间。等餐厅经理把杜小姐的发票拿过来时，杜小姐连忙向她表示感谢，她也对杜小姐说："不用客气，这是我应该做的。"

四、客人实行 AA 制时应分清账单

现在，越来越多的客人在吃饭时实行AA制，对此，餐厅服务员应该有所准备，为客人提供有效的服务。

一般来说，AA制是先由一人结账，之后所有人均摊全部费用。这种AA制通常由客人私下解决，对餐厅的服务工作并无什么特别要求，但对于各点各的餐、各结各的账的客人，服务员要注意以下要点。

（1）首先从主宾或女宾开始，按顺时针方向逐位服务，每写好一份菜单，要注意记录客人的姓氏、性别、特征、座位标志等。

（2）将菜单交给负责上菜的服务员和厨房、收银台。

（3）若客人需要添加食物或酒水，应在其账单上做好相应的记录。

（4）最好由点菜的服务员负责结账，以减少出错的可能。

五、服务员给包间客人结账时要谨慎，不能出错

在为包间客人结账时，包间服务员一定要亲自陪同客人前往收银台，或由包间服务员代为客人结账，否则很容易出现错误，给餐厅带来损失。

案例

又是一个周末，某餐厅的包厢爆满。到了晚上九点多，很多包厢的客人都用完餐要结账了。这时，七八个客人来到收银处买单（没有包厢的服务员陪同），并说自己是116包厢的客人。收银员收款时也没

有做任何核对，就打印出了116包厢的点菜单和账单让客人签字，并收了款（现金结算），当时这个包厢的费用是500多元。

过了半个小时左右，另外一批客人过来结账了。收银员问他们是几号包厢的，客人说是116包厢，陪在一边的服务员也证实这批客人是116包厢的，通过核对账单及订餐人的姓名、电话，证明现在这批客人确实在116包厢用餐，结完账（同样也是现金结算）后客人就离开了。

通过核查，餐厅经理发现第一次来结账的那批客人实际上在118包厢用餐，该包厢的实际费用是900多元。由于餐厅工作人员的疏忽，餐厅少收了400多元的餐费。餐厅经理得知此事后做出了这样的处理：在无法追回400多元餐费的情况下，由118包厢的服务员及当值的收银员共同赔付。

餐厅服务常用英语

导语：

　　餐厅服务人员要掌握餐厅服务常用英语，以便更好地为来自不同国家和地区的客人服务。

第一节　餐厅日常英语

一、欢迎问候语

餐厅员工要经常对来宾表示欢迎。餐厅员工应掌握的常用欢迎、问候语如下。

1. How do you do?

你好!

2. Good morning/afternoon/evening!

早上（下午/晚上）好!

3. How are you（doing）?

你好吗?

4. Welcome, sir（madam）.

欢迎光临，先生（女士）。

5. Come in，Please. Welcome to our restaurant.

请进，欢迎光临我们餐厅。

6. We're glad to have you here.

我们很高兴你来到这儿。

7. Nice to meet you，sir.

见到你真高兴，先生。

8. Nice to meet/see you!

很高兴见到你!

9. It's good to see you again，sir（madam）.

再次见到你真高兴，先生（女士）。

10. I hope you'll enjoy yourself here.

希望你在这里度过美好时光。

二、感谢应答语

当客人表示感谢时，餐厅员工要及时做出回应。餐厅员工常用的感谢应答语如下。

1. Thank you very much.

非常感谢。

2. Not at all. /You are welcome.

不用谢。

3. That's all right.

没关系。

4. Oh, you flatter me.

哦，你过奖了。

5. I'm glad to serve you.

非常高兴为你服务。

6. It's my pleasure.

这是我的荣幸。

7. Thanks for the trouble.

麻烦你了。

8. It's very kind of you.

你真是太好了!

9. No，thanks.

不用了，谢谢!

10. Thank you for telling us about it.

谢谢你告诉我们。

11. Thank you for your advice.

感谢你的忠告。

12. Don't mention it.

不用谢。

13. I'm at your service.

乐意为你效劳。

三、征询语

餐厅服务员应主动为客人提供各种服务，让客人感受到服务员的周到、细致、体贴，对餐厅产生更好的印象。

1. Would you like to leave a message?

你需要留口信吗？

2. I beg your pardon?

你能再说一遍吗？

3. What do you think of our service?

你觉得我们的服务怎么样？

4. What can I do for you?

有什么可以为你效劳的吗？

5. How many people, please?

请问一共几位？

四、致歉语

餐厅员工经常与客人打交道，难免会打扰到客人或给他们带来不便，有时还要处理客人投诉，所以需要经常说致歉语。

1. Pardon me for interrupting.

对不起，打扰你们了。

2. Please excuse me for coming so late.

请原谅，我来迟了。

3. I'm sorry I was so careless.

很抱歉，我太粗心了。

4. Will you please speak more slowly?

请你讲得慢一些，行吗?

5. Sorry, I still don't understand what you said.

对不起，我没有听懂你讲的。

6. I'm sorry, sir（madam）.

对不起，先生（女士）。

7. Excuse me for interrupting.

不好意思，打扰了。

8. I'm sorry to trouble you.

对不起，打扰你了。

9. I'm sorry to have kept you waiting.

对不起，让你久等了。

10. I'm so sorry, please wait a few minutes.

真抱歉，请再等几分钟。

11. I hope you'll forgive me.

我希望你能原谅我。

12. I'm awfully sorry.

我感到十分抱歉。

13. I'm very sorry, There could have been a mistake. I do apologize.

非常抱歉，这儿肯定是出错了。真的对不起。

14. Sorry, I'll let you know when I make sure of it.

对不起，等我弄清楚了，马上向你解释。

15. I'm sorry, we have run out of ...

很抱歉，我们把……都用完了。

16. I'm sorry to bump into you.

对不起，撞着你了。

17. I'm afraid I've taken up too much of your time.

耽误你那么多时间，真不好意思。

18. I'm sorry to have given you so much trouble.

很抱歉给你添了那么多麻烦。

19. I apologize for this.

我为此事道歉。

20. I'm afraid it's against the restaurant's regulations.

对不起，这不符合餐厅的规定。

21. I'm sure it won't happen again.

我保证此事绝不会再次发生。

22. I'll look into the matter.

我会调查一下。

23. It won't be too long, sir.

时间不会太长的，先生。

五、提醒语

轻轻的一声提醒，会让客人感觉到餐厅员工真挚的服务。服务员常用的提醒语如下。

1. Mind your step.

请走好。

2. After you.

你先请。

3. Please don't leave anything behind.

请带好你的随身物品。

4. Please don't smoke here.

这里不允许吸烟。

5. Here you are.

给你。

6. Be care of the ceiling, sir.

小心头顶，先生。

六、祝愿语

当客人离店或逢节假日时，餐厅员工送上一句真诚的祝福，会让客人感到温暖、幸福，对餐厅也会有更好的印象。

1. Welcome to come here again, Goodbye.

欢迎你下次再来，再见。

2. Have a good time!

祝你们玩得愉快！

3. Have a nice（good） day!

祝你今天过得愉快！

4. Happy Birthday!

生日快乐！

5. Merry Christmas!

圣诞快乐！

6. May you succeed!

祝你成功！

7. Goodbye and good luck.

再见，祝你好运。

8. Hope to see you again.

希望再次见到你。

9. We all look forward to serving you again.

我们期待能再次服务你。

10. Mind/（Watch）your step.

请走好。

11. Glad to be of service，please feel free to contact us anytime.

很高兴能为你服务，有需要请随时联系我们。

12. Thank you! Welcome to come back again.

谢谢！欢迎再来。

七、方向表达用语

餐厅员工有时会遇到问路的客人，或是要为客人领路，因此服务员要学会常用的方向表达用语。

1. How can I get to the ...?

去×××怎么走？

2. Go upstairs/downstairs.

上/下楼。

3. It's on the second floor.

在二楼。

4. This way, please.

请这边走。

5. Turn left /right.

左/右转。

6. It will be on your right side.

在你的右手边。

第二节　餐厅预订用语

注：以下对话中——W：Waiter（服务员）　G：Guest（客人）

一、预订情景对话

W：Good morning. May I help you?

上午好。我能帮到你什么？

G：Yes，I'd like to reserve a table for tonight.

我想今晚在这里订张桌子。

W：Certainly sir.　For how many persons?

当然可以了，先生。请问要订多少人的桌子呢？

G：Six.

六个人。

W：What time would you like it?

请问什么时候光临呢？

G：6:30 tonight.

今晚6:30。

W：Yes，sir.　May I have your name and telephone number?

好的，先生。能告诉我你的姓名和电话吗？

G：It's Tom and my number is …

汤姆，我的电话是……

W：Thank you very much Mr.　Tom.　A table for 6 at 6:30 tonight.　Is that right?

非常感谢，汤姆先生。今晚6:30一张六人桌,对吗？

G：Yes，thank you.

是的，谢谢。

W：We will hold the table for 15 minutes.　And we look forward to seeing you！

我们为你保留桌子15分钟。非常期盼你的光临！

二、预订已满情形

W：Good evening.　Italian restaurant.　May I help you?

晚上好，这里是意大利餐厅，请问能帮到你什么？

G：Yes，I'd like to reserve 2 tables at 8:00 tonight.

我想订两张桌子，于今晚8:00用餐。

W：I'm sorry，sir，there aren't any table left for 8:00 tonight.　But we can book one for you at 9:00.

不好意思，先生。今晚8:00的桌子全部预订完了，但我们9:00会有位子。

G：No，that's too late.

不好，那太晚了。

W：I'm terribly sorry，sir.

实在很抱歉，先生。

G：How about tomorrow evening?

明晚呢？

W：We are fully booked for tomorrow evening，and I can't guarantee anything，but we'll try our best. I hope you'll understand.

明晚的桌子也预订完了，我们不能保证，但会尽力而为。希望你能谅解。

G：I do，but I would appreciate it if you could arrange it.

我明白，但如果你们能帮忙安排位子我会很感激的。

W：May I have your name and telephone number?

请问你的姓名和电话？

G：David ...Thank you. Bye.

大卫……谢谢，再见。

第三节　引客入座用语

注：以下对话中——W：Waiter（服务员）　G：Guest（客人）

一、已预订

W：Good evening，sir.

晚上好，先生。

G：My name is Tom. I've booked a table for 7:00.

我是汤姆，我订了7:00的桌子。

W: That's right, Mr. Tom, a table for 4. Would you come this way, please? Be careful of the steps. Would you like to sit here?

是的，汤姆先生，一张4人桌。这边请，小心台阶。坐这里怎么样？

G: It's fine, thank you.

好的，谢谢。

W: You're welcome. Please take a seat. Here is the menu, sir.

不客气。请坐。这是菜单，先生。

二、未预订

W: Do you have a reservation, sir?

请问你订位了吗？先生？

G: No, I am afraid we don't.

没有。

W: I'm sorry. The restaurant is full now. You have to wait for about half an hour. Would you care to have a drink at the lounge until a table is available?

很抱歉，餐厅已经满座了。大约要等30分钟才会有空桌。你们介意在休息室喝点东西直至有空桌吗？

G: No, thanks. We'll come back later. May I reserve a table for 2?

不用了，谢谢。我们等一会儿再来。请替我们预订一张两人桌，可以吗？

W: Yes, of course. May I have your name, sir?

当然可以。请问先生贵姓？

G: Bruce. By the way, can we have a table by the window?

布鲁斯。顺便问一下，我们可以要一张靠近窗口的桌子吗？

W: We'll try to arrange it but I can't guarantee, sir.

我们会尽量安排，但不能保证，先生。

G: That's fine.

我们明白了。

(*Half an hour later , the couple comes back .*)

（半小时后，布鲁斯夫妇回来了。）

W：Your table is ready. Please step this way.

你们的桌子已经准备好了。请往这边走。

第四节　点菜服务用语

注：以下对话中——W：Waiter（服务员）　G：Guest（客人）

一、中餐点菜

G：Hi, waiter, I want to order some food.

嗨，服务员，我要点餐。

W：What would you like?

您想要些什么？

G：Kung Pow chicken, Yuxiang shredded pork and tomatoes fried with egg.

宫保鸡丁、鱼香肉丝，还有西红柿炒鸡蛋。

W：Something to drink?

要点什么酒水饮料吗？

G：Yes, two bottles of Qingdao beer, no MSG and only a little spicy, please.

嗯，来两瓶青岛啤酒。菜里不要放味精，少放辣椒。

W：No problem, sir.

好的，先生。

二、西餐点菜

W：Excuse me，sir，are you ready to order?

打扰了先生，现在能为你点餐了吗?

G：May I have a look at the menu first?

我想先看看菜单。

W：Sure，please take your time．I'll be back to take your order.

好，请慢慢看。我回头为你点餐。

G：Waiter，I'd like The Mixed Fried Rice.

服务员，我要一份铁板烧炒饭。

W：Ok，would you like anything else?

好的，请问还要点别的吗?

G：And Sweet a seasonal salad.

一份四季沙拉。

W：Which dressing would you like to go with your salad? We have Italian dressing，Orange dressing and thousand-island dressing．Would you like some soup?

请问你要什么沙拉酱呢? 我们有意大利汁、柳橙汁和千岛汁。要来点什么汤吗?

G：Yes，and what kind of soup do you serve?

好的，你们有什么汤?

W：We have oxtail soup，onion soup，corn soup，and seafood soup.

我们有牛尾汤、洋葱汤、玉米汤和海鲜汤。

G：Oxtail Soup sounds good，get me one please.

牛尾汤听起来不错，给我来一份。

W：Thank you．So you have ordered...Would you like some drink?

谢谢。你点了……要不要来点饮料呢?

G：No，thanks.

不用了，谢谢。

W：Thank you very much，your meal will be sent to you in 15 minutes.

非常感谢，你点的菜15分钟内做好。

G：Thank you.

谢谢。

三、早餐点菜

W：What can I do for you，sir?

先生，你要来点什么?

G：What have you got this morning?

今天早上你们这儿有什么?

W：Fruit juice，cakes and refreshments，and everything.

水果汁、糕点、各种茶点等，应有尽有。

G：I'd like to have a glass of tomato juice，please.

请给我来一杯西红柿汁。

W：Any cereal，sir?

要来点谷类食品吗，先生?

G：Yes，a dish of cream of wheat.

好的，我要一份麦片粥。

W：And eggs?

还要来点鸡蛋吗?

G：Yeah，bacon and eggs with buttered toast. I like my bacon very crisp.

好的，再要一份熏猪肉和鸡蛋奶油吐司，我喜欢熏猪肉松脆一点。

W：How do you want your eggs?

你喜欢鸡蛋怎么做?

G：Fried，please.

煎的。

W：Anything more，sir?

还要什么别的东西吗，先生?

G：No，that's enough. Thank you.

不要了，足够了。谢谢。

第五节 餐厅结账服务用语

注：以下对话中——W：Waiter（服务员） G：Guest（客人）

一、现金付账

G：Waiter，the bill，please.

服务员，结账。

W：Yes，sir. Here is your check，sir，thank you.

好的，先生。这是你的账单，先生，谢谢。

G：Here you are.

给你（现金）。

W：200 yuan. Please wait a minute. I'll be back with your changes and receipt. Here is your changes and receipt，thank you. Good night，hope to see you again.

收你200元。请稍等，一会儿给你找零和收据。这是你的找零和收据，谢谢你。晚安，希望再次见到你。

二、刷卡付账

G：Check the bill，please.

结账。

W：Here is your check，sir.

这是你的账单，先生。

G：Well，may I use my credit card?

我能用信用卡结账吗？

W：Sure.　What kind of card do you have，sir?

当然可以，请问先生用的是什么卡呢?

G：×××credit card.　Here you are.

×××信用卡。给你。

W：Thank you，I'll return your card and receipt in a few minutes.

谢谢，请稍等，我几分钟后将卡还给你。

G：OK.

可以。

W：Will you please sign on the bill，sir?

先生，请在账单上签字。

G：Thank you.　Bye–bye.　Have a nice day.

谢谢。再见，祝你愉快。

参考文献

1. 滕宝红. 中餐服务员岗位作业手册. 北京：人民邮电出版社，2008

2. 滕宝红. 宴会服务员岗位作业手册. 北京：人民邮电出版社，2008

3. 滕宝红. 点菜员岗位作业手册. 北京：人民邮电出版社，2008

4. 滕宝红. 西餐服务员岗位作业手册. 北京：人民邮电出版社，2008

5. 滕宝红. 预订员岗位作业手册. 北京：人民邮电出版社，2008

6. 《星级酒店服务培训指南》丛书编委会. 星级酒店餐饮服务员培训.
   北京：中国时代经济出版社，2006

7. 尹刚. 优秀餐饮服务员工作技能手册. 北京：中国时代经济出版社，
   2007

8. 徐潇. "互联网+"让餐饮服务越来越智慧. 工人日报，2018-06-27（05）